Sammlung Luchterhand 498

Esther Fischer-Homberger

Krankheit Frau

Zur Geschichte der Einbildungen

Luchterhand

Sammlung Luchterhand, Februar 1984
Lektorat: Klaus Roehler
Umschlaggestaltung: Kalle Giese, Darmstadt;
nach einer Abbildung in: Jakob Rueff, Hebammen Buch,
Frankfurt a. M. 1580
Herstellung: Ralf-Ingo Steimer

Gesamtherstellung bei der
Druck- und Verlags-Gesellschaft mbH, Darmstadt
ISBN 3-472-61498-6

Inhalt

Vorbemerkung

Geschichte ist nicht einfach Vergangenheit. Geschichte dient der Herstellung einer Beziehung zwischen Vergangenheit und Gegenwart. Sie kann dies in sehr verschiedener Weise tun, im Grunde tut sie es wohl für jeden wieder etwas anders. Mich selbst fasziniert sie einmal dadurch, daß sie die im Gegenwärtigen – in Gebäuden, Haltungen, Gesetzen, Institutionen, Sitten, Worten usw. – stillschweigend und selbstverständlich präsente Vergangenheit wahrnehmen lehrt, daß sie also auf die historische Dimension des Jetzt aufmerksam macht. Auch dadurch, daß sie die Vergangenheit als eine Aufeinanderfolge von Gegenwarten betrachtet, in deren jeder Menschen sich mehr oder weniger frei bewegten.

Geschichte kann einen lehren, sich von der Gegenwart zu distanzieren, ohne sich von ihr zu entfernen: sie führt einem die Wandelbarkeit alles Gegenwärtigen vor Augen, sie weist den Einfluß der Vergangenheit auf die Gegenwart nach und setzt diesen gerade dadurch in Grenzen – ein altbewährter Beschwörungseffekt; sie zeigt, daß manches, was ist, auch anders geworden sein könnte. Allenfalls kann sie sogar wahrnehmen lehren, daß selbst Faktischem die Möglichkeit innewohnt, anders zu sein. Was einem begegnet, ist ja immer nur eine Auslese und ein Aspekt von dem, was es »gibt« – so begegnen verschiedene Zeiten denselben Dingen oft mit ganz verschiedenen Fragestellungen, Akzentsetzungen, Voreingenommenheiten. Diese Tatsache realisiert man oder frau – eigentlich wäre »mau« die passende Form – im aktuellen Augenblick gewöhnlich nicht; es würde eine/einen dies ja oft sogar am Handeln, am Treffen von Entscheidungen, am Antworten und Reagieren hindern. Bei der Beschäftigung mit Geschichte aber realisiert man sie auf Schritt und Tritt. Dies schon, weil man da ja gerade die Wandelbarkeit der Voraussetzungen menschlicher Äußerungen bearbeitet, ferner, weil man schon im Arbeitsprozeß, beim Zusammensuchen des Materials, auf dem man sein Bild von der Vergangenheit aufbauen kann, immer und immer wieder auf Lücken, Unvollständigkeiten und Einseitigkeiten stößt.

So kann Geschichte ein gelöstes Verhältnis zur Gegenwart herstellen helfen – indem sie Spielraum schafft für einen kreativen Umgang mit dem Jetzt.

Gerade, wer von den Fragen, die sich in den letzten Zeiten an die Situation der Frau knüpften, berührt wurde, konnte solchen Spielraum sehr wohl gebrauchen, und ich bin bei der Beschäftigung mit den hier versammelten Arbeiten auf die Idee gekommen, es könnte mich gerade dies zum historiographischen Beruf mitbestimmt haben. Zwar bin ich immer der Überzeugung gewesen, meine Arbeiten zur Geschichte der Frau seien Neben- und Randprodukte meiner im wesentlichen psychiatriehistorischen Tätigkeit. Auch glaubte ich immer, es beruhe auf Zufall, daß sich am Beispiel der Geschichte der Frau mancher zentrale historische Mechanismus besonders anschaulich aufzeigen ließe. Hinterher frage ich mich aber, ob »die Frau« mir nicht gelegentlich Modell gestanden habe beim Entwurf meiner allgemeineren Fragestellungen und ob das nicht der Grund sei, weshalb sich diese Fragestellungen dann an der Geschichte der Frau speziell bewährt haben.

Zur Neuausgabe der »Krankheit Frau«: das Fragen nach den Ausformungen männlicher Kontroll- und Herrschaftsbedürfnisse über die Frau scheint heute etwas in den Hintergrund getreten gegenüber dem Fragen nach dem, was da kontrolliert und beherrscht werden sollte: was und wer wird da als krank bezeichnet und so gewissermaßen vom eigenen Leibe wegdiagnostiziert und unter medizinische Kontrolle gebracht? Ist die Krankerklärung der normalen Frau, wie sie seit der Antike nachweisbar ist und im 19. und frühen 20. Jahrhundert ihren bisherigen Höhepunkt erreicht hat, Ausdruck dafür, daß unsere Gesellschaft Phantasie, Emotionalität, Körperlichkeit und Spontaneität als die Ordnung unserer Vernunft störend und bedrohend erleben gelernt hat? Sind wir im Begriffe, in dieser Hinsicht umzulernen?

Ein solches Umlernen verändert indessen nicht nur unser traditionelles Bild von der »Frau« und den Bereichen, die diese in unserem Kulturkreis herkömmlicherweise verkörpert, sondern auch unsere Betrachtungsweise. Dies spiegelt sich in dem Aufsatz »Herr und Weib«, der für diese Ausgabe der »Krankheit Frau« neu hinzugekommen ist. Er hinterfragt und sprengt die konventionelle Geschichtsschreibung, indem er die vorliegenden Quellen gewissermaßen psychoanalytisch, als Symptome, behandelt. Die »Krankheit Frau« wird damit allmählich als ein echtes Leiden sichtbar – Leiden an den Klüften, die unsere Kultur, unsere Zwischenmenschlichkeit wie auch uns selbst durchziehen; Trauer kann damit vielleicht beginnen.
Es hat sich die Frage gestellt, ob die älteren Aufsätze neu zu überarbeiten seien. Ich habe aus verschiedenen Gründen darauf verzichtet. Zum einen basieren diese Arbeiten vor allem auf Quellenmaterial, und dieses ist heute so frisch wie früher. Zum anderen hätte sich ein Einarbeiten der neueren Literatur doch mehr oder weniger auf Material beschränken müssen. Es hätte nur eine Umfangvermehrung ohne grundlegende Substanzveränderung und damit einen fragwürdigen Gewinn gebracht. Zudem wäre vielleicht dabei etwas von der ursprünglichen Frische des Geschriebenen verlorengegangen. Dies um so mehr, als auch ich selber – durch eben diese Arbeiten und die laufenden Entwicklungen – mich in der Zwischenzeit verändert habe.
So erscheinen diese Beiträge also etwa so, wie sie ursprünglich geschrieben wurden und 1979 in der Originalausgabe der »Krankheit Frau« vorlagen. Einiges ist weggefallen, weniges hinzugekommen; Fremdworte wurden nach Möglichkeit durch deutsche Ausdrücke ersetzt. Manche Zitate sind bezüglich Groß- und Kleinschreibung, ss oder ß und Satzzeichen gegenüber dem Original modifiziert. Für an weiterer Lektüre zur Medizingeschichte der Frau Interessierte ist eine kurze Literaturliste angefügt.

Esther Fischer-Homberger Oktober 1983

Aus der Medizingeschichte der Einbildungen

I. Einbildung, Idee und Kreativität
Psychogenie der Erscheinung im 16./17. Jahrhundert

Wer im Brockhaus, Ausgabe 1960, unter »Einbildung« nachschlägt, findet diese definiert als »Vorstellung, der keine Wirklichkeit entspricht«. Als zweite Bedeutung steht da noch »der Dünkel« – auch der dünkelhaften Vorstellung von der eigenen Person entspricht ja keine Wirklichkeit.

Wenn man nun aber die »Einbildung« im bisher neuesten Brockhaus von 1968 sucht, findet man sie nicht mehr. Hingegen steht da, zum Hauptschlagwort aufgerückt, die viel ernster genommene, mit der Phantasie und schöpferischer Potenz verwandte »Einbildungskraft«.

Nun, das könnte ein Zufall sein, ein Versehen, ein personeller Wechsel in der Brockhaus-Redaktion. Es könnte aber auch eine Entwicklung widerspiegeln, die seit den späteren 60er Jahren tatsächlich ein ganz neues Ernstnehmen der Einbildungskraft mit sich gebracht hat, ein Ernstnehmen, welches in der Auffassung der Einbildung als »Vorstellung, der keine Wirklichkeit entspricht«, unsicher gemacht hat. Tatsächlich erscheint heute die Beziehung zwischen Einbildung und Wirklichkeit auch weiteren Kreisen nicht mehr so einfach wie noch 1960 und keineswegs mehr einfach die eines gegenseitigen Ausschlusses.

Historisch gesehen kann man dieses neue Ernstnehmen der Kraft der Einbildung als eine Renaissance bezeichnen – als eine Wiedergeburt alten Gedankenguts in neuer Form. In ähnlicher Weise wie manche moderne Gelehrte nahmen die Gelehrten der frühen Neuzeit die Einbildung, die Idee, die Phantasie ernst. Sie gestanden den Einbildungen vielfach einen erheblichen Wirklichkeitscharakter zu und sprachen dabei respektvoll auch von

»Imaginatio«. Auch die Medizin rechnete mit der Realität von Einbildungen.
Es sollen nun hier zwei medizinhistorische Entwicklungslinien verfolgt werden, die jene frühe »Imaginatio« mit der modernen Einbildung und Einbildungskraft verbinden. Die eine führt – etwas kurz und etwas grob gesagt – über den Oberbauch, die andere über die Gebärmutter.

Doch zunächst ein allgemeiner Umriß der Imaginatiolehre des 16. und frühen 17. Jahrhunderts.
1586 ist in Mantua ein Buch bzw. sind »Sechs Bücher über Wundermedizin« herausgekommen. Der Autor dieses Werks war Marcellus Donatus (1538–1603). Im ersten Kapitel des zweiten Buches behandelt Donatus ziemlich eingehend die wunderbaren Wirkungen der Einbildungskraft. Die Imaginatio wirkt durch Vermittlung anderer – verdauender, ausscheidender, generativer usw. – Kräfte auf den Körper ein. So gähnen wir, wenn wir andere gähnen sehen, und erbrechen, wenn wir Abscheuliches sehen. Eine Frau gebar ein Mädchen, welches über und über mit Haaren bedeckt war, weil die Mutter während der Schwangerschaft oft das Bild des St. Johannes (Johannes der Täufer in Fellkleidung) betrachtet hatte. Einer Wirkung der Einbildungskraft ist es auch zu verdanken, daß es in schneeigen Gegenden viele weiße Hasen, weiße Füchse, Bären, Raben, Mäuse, Pfauen gibt. Eine Frau, die ums Fest der Heiligen Drei Könige schwanger war, gebar drei Söhne, deren einer schwarz war wie der Mohrenkönig. Eine Schwangere, die von ihrem Gatten bedroht wurde, er spalte ihr den Schädel, gebar später ein Kind mit gespaltenem Schädel, welches gleich nach der Geburt verblutete. Eine Frau, die einen Wasserkopf sah, gebar ein wasserköpfiges Kind. In typischer Weise ist die Imaginatio bei der hypochondrischen Melancholie gestört – da folgen die Geschichten von denen, die glauben, Frösche im Bauch zu haben, die nicht zu gehen wagen, weil sie glauben, gläserne Füße zu haben, die glauben, Wölfe oder Dämonen zu sein oder mit Dämonen Umgang zu haben. Donatus diskutiert die Frage, wie

weit die Imaginatio auf äußere Gegenstände einwirken könne? Er ist da sehr zurückhaltend. Daß Einbildungskraft, Regen, Hagel, Krankheiten von Feinden beliebig herstellen könne, lehnte er ab. Es wäre absurd, der Imaginatio unendliche Kräfte zuzuschreiben. Die Wirkung der Imaginatio setzt eine gewisse Nähe voraus. Donatus beschäftigt sich recht eingehend mit der Beziehung der Imaginatio zu den traditionellerweise der Hexerei und dämonischen Einwirkungen zugeschriebenen Phänomenen – er zeigt sich dabei vorsichtig und kritisch. Die Lehre, daß die Wunden einer Leiche in Anwesenheit des Mörders bluten, hält er für falsch.

Die »Einbildung« ist also nicht immer etwas »Eingebildetes« gewesen. Sie war einst eine Kraft von ziemlichem Wirkungsradius und etwas sehr Reales. Sie war ein philosophisch-naturwissenschaftliches Prinzip von hohen Würden, verwandt mit Begriffen aus dem Umkreis der Phantasie, der Idee, der Schöpferkraft und des Gedächtnisses. Sie war ein physiologisches Prinzip von erheblicher Bedeutung und diente – in moderner Sicht – zur Erklärung der allerverschiedensten Erscheinungen, nicht unähnlich demjenigen von Sympathie und Antipathie und den bis heute, wenngleich unter teilweisem Bedeutungswandel fortlebenden Prinzipien der Ansteckung und des Giftes.

Die damalige Medizin war eben genau wie die unsrige eingebettet in das weitere Weltverständnis ihrer Zeit. Man sieht das deutlich in dem Büchlein über die Kraft der Einbildung des Löwener Medizinprofessors Thomas Fienus (1567–1631). Fienus stellt die medizinischen Wirkungen der Einbildungskraft (physiologisch, pathologisch und therapeutisch) ganz in den Rahmen einer umfassenderen Lehre von der Leib-Seele-Beziehung und der Beziehung des Menschen zu seiner sichtbaren und unsichtbaren Umwelt.

Eine zentrale Stellung hat die Lehre von den Einbildungen im medizinischen Werk des chemisch orientierten Johannes Baptista van Helmont (1577–1644). Helmont hat vor seinem Medizinstudium Philosophie und zahlreiche Wissenschaften studiert. Er ist heute vor allem berühmt als Entdecker der Kohlensäure und Schöpfer des Begriffs »Gas«; er hat, von Paracelsus beeinflußt, den chemischen Gesichtspunkt in der Medizin sehr gepflegt. Unter dem Einfluß von Paracelsus (1493–1541) und der Ideenlehre des Philosophen Platon hat van Helmont auch seine Lehre vom »Archaeus« entwickelt. Der »Archaeus influus« ist das oberste leib-seelische Prinzip im menschlichen Organismus. Ihm unterstehen die Archaei der einzelnen Organe. Der oberste Archaeus hat seinen Sitz in Magen und Milz bzw. in der Magengrube.

Krankheit ist nun bei Helmont im wesentlichen ein Zustand, in welchem der Archaeus, veranlaßt durch eine krankhafte bzw. krankmachende Idee, die sich ihm eingeprägt hat, die Funktion des Körpers nicht mehr in normaler Weise regelt. Damit ist Krankheit bei Helmont im wesentlichen eingebildete Krankheit im eigentlichen Sinn des Wortes – aber »Einbildung« bedeutet hier nicht Unwirklichkeit. Sie ist allerdings zunächst nichtstofflich – setzt sich dann aber in stoffliche Wirklichkeit um.

Das Bild einer Krankheit kann also ganz real zur Ursache eben dieser Krankheit werden. »So siehet man nun auch manche Pest«, schreibt Helmont, »welche alleine herkommet aus thörichter Einbildung und Schrecken, ohne daß jemand in angesteckten Orten sey: Und diese ist gantz schnell und gifftig« – es handelt sich dabei um Bilder, die sich dem Magen eingeprägt oder, wie Helmont sich ausdrückt, »eingesiegelt« haben, um »Eindrücke« im engsten Sinn des Wortes. Aber auch Blutungen, die Gelbsucht, Epilepsie, Engbrüstigkeit, Herzzittern, Ausbleiben der Menstruation, Lähmung können durch Ideen bzw. Einbildungen hervorgerufen sein. »Auf solche Weise kan der Geifer eines wütenden Hundes, der Biß einer Tarantelspinne oder Schlange, wie auch der Saft von Eisenhütlein [. . .] oder Nachtschatten uns wieder unserm Willen das Bild der Raserey mittheilen.«

Übrigens setzte van Helmont seine Bilder-Lehre auch zur Rationalisierung der Auffassung ein, daß die Leiche eines Ermordeten in Gegenwart des Mörders zu bluten beginne. Er führte diese Erscheinung auf das ins Geblüte »eingedruckte Bild der Rache« zurück. Dies nur, um festzuhalten, daß die Lehre von den Einbildungen wohl eine graue Theorie gewesen sein mag, daß sie aber, wie alle grauen Theorien, durchaus blutige Konsequenzen haben konnte. Denn auf Mord stand seinerzeit Todesstrafe. »Ob gleich das eingebildete Dinge«, sagt van Helmont, »am Anfange nichts anders ist als ein bloßes phantastisches Getichte, so bleib(t) es doch nit so; sintemal die Phantasie eine Siegel-mäßige Krafft ist, welche deswegen die Einbildungs-Krafft genennet wird, weil sie von den eingebildeten Dingen Bilder oder Gestalten formieret.«

An sich konnte jedes Organ als Sitz irgendeines untergeordneten Archaeus Ort von Imaginationes sein. So konnte das Blut, das Herz, der Magenmund, bei der Frau auch die Gebärmutter, Sitz pathogener (krankmachender) Einbildungen werden. Ein Hauptsitz blieb aber immer, mindestens beim Mann, ihrer Beziehung zum obersten Archaeus wegen, die Milz. »Der Miltz«, schreibt Helmont, »hat seine stelle mitten in dem Stamm des Leibes« – zwischen Magen, Herz und Uterus, »weil er gleichsam die Wurtzel ist des gantzen Leibes.« Krankheit aber nimmt ihren Anfang oft »von einer gewissen unbändigen Einbildungs-Krafft, so sich unter die Macht des Willens nit zwingen läst, und ihren Sitz in dem Miltz hat«. Die Milz ist da also ein Zentrum, »ein Brunn-Quell«, sagt Helmont, »so wohl der jenigen Bilder, die formiret werden in der Einbildung des Menschen, als auch der Bilder des Lebens-Geistes«. Auch Träume entstehen in der Milz – und die fleischlichen Begierden, namentlich die des Mannes. Bei der Frau kommt als zweiter Brunn-Quell die Gebärmutter hinzu – »woraus [. . .] zu sehen ist, daß in einem Weibs-Bilde ein zweyfaches Regiment zu finden sey«. »Nemlich es ist die Mutter [. . .] gleichsam wie ein ander Miltz.« »Und ist demnach eine Weibs-Person wol eine elende Creatur, die einer solchen Obrigkeit unterthänig seyn muß: Denn sie ist erstlich vielen Kranckheiten unterworffen als ein Mensch; und muß hernach denselben eben auch abermal unterworffen seyn, von dem Wesen, das aus der Mutter herkommt. [. . .] Nemlich sie muß biß auf den heutigen Tag eine zwiefache Straffe ausstehen, eben als wenn sie sich in Eva doppelt versündiget hätte.«

Damit stehen die von der Gebärmutter und die von der Milz ausgehenden Einbildungs-Krankheiten bei Helmont sozusagen als Modellkrankheiten. Wir wollen diese beiden Modelle nun ins 18. und 19. Jahrhundert verfolgen und sehen, was daraus geworden ist.

II. Milz (Oberbauch) und Hypochondrie
Die »Idea morbosa« wird zur Krankheitseinbildung

Die von der Milz ausgehende Einbildungskrankheit ist in recht direkter Linie zum Zustand der Krankheitseinbildungen, der Nosophobie, geworden. Der Begriff der Einbildung hat sich dabei allmählich entrealisiert, die »Imaginatio« unserer Väter wurde zur »Einbildung« des Brockhaus 1960. Helmonts Hypochondrie wurde zur Hypochondrie modernen Verständnisses. Denn um ein eigentlich »hypochondrisches«, nämlich in den Hypochondrien gelegenes Leiden handelt es sich wirklich bei Helmont (»hypo« heißt griechisch »unter«, »chondros« »der Knorpel«; »to hypochondrion«: der weiche Teil des Leibes unter und hinter den Rippenknorpeln, die Gegend von Magen, Leber – und Milz). Und so sagt Helmont von den der Milz innewohnenden Bildern: »Daher sie auch etwas Miltz-süchtiges (hypochondriam) von sich spüren lassen.« Es sind Bilder, welche oft »solche Zustände gebähren, die [. . .] Zeichen von einem Miltzsüchtigen Aberwitz, wie auch von allerhand Verwirrung und Zerstörung von sich geben«. Helmont betrachtete sein Milz-Einbildungsleiden also als etwas Hypochondrisches – nur daß er den körperlichen Leiden seiner Hypochonder körperliche Realität zubilligte. Die Imaginatio war für ihn ja nichts Imaginäres.

Im 18. Jahrhundert wurde die Hypochondrie zur überaus weitverbreiteten Volksseuche. Man nannte sie nun auch »die Milzsucht« oder einfach »die Milz«, englisch »the spleen« (auch der Spleen ist erst später zum wirklichkeitsfremden Spleen unseres Verständnisses geworden).

Es muß nun aber hier etwas nachgetragen werden. Es waren nämlich nicht nur krankmachende Bilder in der Milz, es waren auch – und das war sogar die weit geläufigere Auffassung – krankmachende Säfte, namentlich die schwarze Galle, auf die man die Hypochondrie in alter Tradition zurückzuführen pflegte. Im Rahmen der Viersäftelehre betrachtete man den Organismus ja als eine Einheit von Blut, Schleim, gelber Galle und schwarzer Galle. Krankheit war die Folge eines Ungleichgewichts in dieser Vierheit, einer Dyskrasie, ähnlich wie Krankheit für Helmont die Folge einer Störung im Ideen-Haushalt war. Interessant ist allerdings, daß auch im Rahmen der Säftelehre die Milz eine besondere Rolle spielte: sie war nämlich der Ort der Bildung oder mindestens der Anstauung der schwarzen Galle. Die schwarze Galle aber galt sozusagen als der krankmachende Saft par excellence. Sie trug, in einem gewissen Gegensatz zu den drei anderen Säften, von Anfang an den Keim zum Pathologischen in sich. Ein Übermaß an schwarzer Galle machte die »Melancholie« aus (melas = schwarz; chole = die Galle) – die schwarze Galle konnte ursprünglich für Verstimmungen, aber auch für Magen-Darm-Leiden, Krebs und Malaria verantwortlich sein. Bei Malaria konnte man die von schwarzer Galle aufgeschwollene Milz ja sogar palpieren und die schwärzlich-gallig verfärbte Haut sehen.

Die »Hypochondrie« des 18. Jahrhunderts hat in gewissem Sinne die klassische Melancholie abgelöst. Das 18. Jahrhundert glaubte nicht mehr so recht an die Viersäftelehre, und es waren Zweifel daran durchgedrungen, ob es einen schwarzgalligen Saft wirklich gebe. Man war anatomischer und lokalistischer geworden. So sprach man nun lieber von der Milz und der »hypochondrischen Gegend« als von der schwarzen Galle, lieber von »Hypochondrie« als von »Melancholie«. In Form schwarzer oder schwärzlicher Dünste und Dämpfe allerdings mochte der alte schwarze Saft noch nachspuken. Solche Dämpfe im Oberbauch verursachten die berühmten Blähungen der Hypochonder des 18. Jahrhunderts und ihre Winde, um die sie sich so liebevoll und intensiv kümmerten, daß man die Hypochondrie bzw. die Milzsucht auch »windige Melancholey«, »Blähsucht«, »Windsucht« nannte, in England »vapours«, in Frankreich »les vapeurs«.

Die Hypochondrie des 18. Jahrhunderts konnte die allermannigfaltigsten Symptome haben, nicht anders als die ältere Melancholie und die Störungen des Milz-Archaeus des Helmont. Wie diese war sie ursprünglich ein keineswegs harmloses Leiden – es konnten auch Starrkrampf, schwarzes Erbrechen, Gelbsucht dazugehören, und es gab Autoren, welche die im 18. Jahrhundert so panisch gefürchtete Entvölkerung des Erdballs darauf zurückführten. Typischerweise gehörten dazu aber auch psychische Störungen, und dies vor allem dann, wenn die hypochondrischen Gase und Schadstoffe in den Kopf aufstiegen. Denn das 18. Jahrhundert hatte die alte Tradition, die Seele mindestens

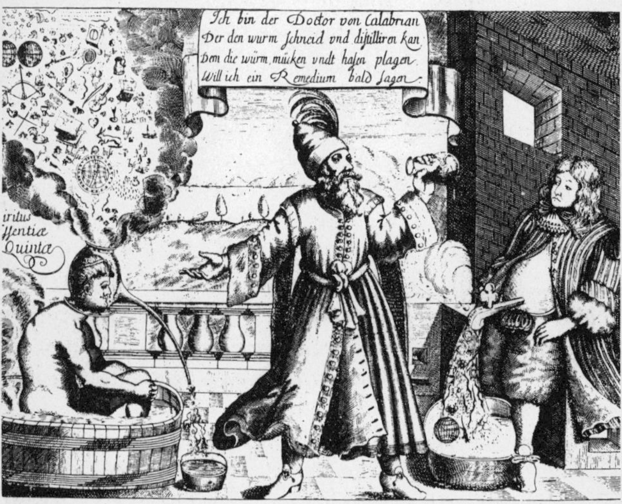

Der scharlataneske Doktor von Kalabrien (ca. 17. Jh.) befreit seine Patienten durch chemische Methoden von ihren Einbildungen in Kopf und Bauch: es entweichen Würmer, Hasen, wissenschaftliche und künstlerische Dinge, allerlei Mücken.

zum Teil im Oberbauch zu lokalisieren (die mit der Melancholielehre wie mit Helmonts Ideenlehre in enger Beziehung steht), weitgehend vergessen und statt dessen das Zentralnervensystem bzw. das Gehirn als einzigen Seelenträger gesetzt. Auch Einbildungen, fixe Ideen, Spleens, Grillen entstanden vorwiegend durch ein derartiges Mit-Leiden des Gehirns – man spricht ja heute noch davon, daß jemandem etwas »in den Kopf gestiegen« sei, wenn man ihn als »eingebildet« empfindet.

Einbildungen gehörten allgemein zu den wichtigsten psychischen Erscheinungen der Hypochondrie – man nannte diese daher auch »Grillenkrankheit«. Eine geradezu zentrale Stellung nahmen speziell die eigentlichen »Krankheitseinbildungen« ein. Damit sind wir eigentlich wieder bei van Helmonts Assoziation von Milz, Krankheit, Hypochondrie und Einbildung. Nur daß die hypochondrische Einbildung des 18. Jahrhunderts gegenüber derjenigen Helmonts gewaltig an Realitätswert eingebüßt hat. Sie ist nicht mehr die reale Ursache wirklicher körperlicher Veränderungen, sie ist bestenfalls noch ein unspezifisches Symptom einer körperlichen Störung von immer mehr verschwindender Bedeutung. So wurde die Hypochondrie im Laufe des 18. Jahrhunderts zur eigentlichen »eingebildeten Krankheit« im modernen Sinn. So ordnet Carl von Linné (1707–1778), Arzt und Pflanzensystematiker, der nicht nur die Blumen, sondern auch die Krankheiten klassifiziert hat, die Hypochondrie der Klasse 5, geistige Krankheiten, Ordnung 2, eingebildete Krankheiten zu und definiert sie als Einbildung von Todesgefahr auf Grund eines geringfügigen Leidens. Am Ende des Jahrhunderts findet man als hypochondrisch bezeichnet: die »Einbildung eines gewissen Zustandes des Körpers, in dem sich der Kranke nicht befindet«.

Ein gewisser Realitätscharakter blieb der Hypochondrie aber zuerkannt – sonst wäre sie ja nichts gewesen, und vor allem nichts, womit der Arzt sich beschäftigt hätte. Die Realität, die man ihr zugestand, war entweder die eines Symptoms – das sich von einem realen körperlichen Leiden ableitet – oder dann eine psychologische Wirklichkeit. »Die hypochondrische Krankheit eine Einbildung zu nennen, ist Unwissenheit und Grausamkeit«, schreibt 1766 der englische Naturforscher John Hill (1716–1775). »Es ist eine wirkliche und betrübte Krankheit: eine Verstopfung der Milz, welche von verdicktem unordentlichem Blute entstehet, und sich oft bis in die Leber und andere Theile ausbreitet.« Ulrich Bilguer (1720–1796) führt die hypochondrische Verrücktheit auf eine »im Unterleibe liegende gallichte Materie« zurück, welche »die Werkstatt der Ideen belästiget«. Und John Gregory (1724–1773) schreibt über die Hypochonder, die er nun Nervenkranke nennt: »Obgleich die Furcht dieser Patienten gemeiniglich ohne Grund ist, so sind doch ihre Leiden wirklich: [. . .] Ihre Klagen mit Spott oder Verachtung, als Wirkungen einer zerrütteten Einbildungskraft zu behandeln, ist ebenso thöricht, als grausam. Diese Klagen entspringen meistentheils aus körperlichen Übeln [. . .] und gesetzt auch, daß sich die Sache anders verhielte, so bleibt es immer die Pflicht des Arztes, [. . .] zur Erquickung der Leidenden beyzutragen. Zerrüttungen der Einbildungskraft gehören eben sowohl für den Arzt, als Gebrechen des Körpers.« Immanuel Kant (1724–1804) unterscheidet »die Grillenkrankheit (hypochondria vaga), welche gar keinen bestimmten Sitz im Körper hat, ein Geschöpf der Einbildungskraft ist, und daher auch die dichtende heissen könnte« und die »hypochondria abdominalis« (die Bauch-Hypochondrie), die eine körperliche Grundlage hat. Die erste ist ebenso ernst zu nehmen wie die zweite – es ist sozusagen ein seelisches Leiden, durch Vernunft nicht zu beheben – »ein vernünftiger Mensch statuirt keine solche Hypochondrie«.

Die Realität, die der Krankheitseinbildung in der Folge zuerkannt wird, ist dann vor allem diese psychologische – man kann auch sagen, daß sie im 19. und 20. Jahrhundert vor allem darin bestanden habe, daß der Arzt die eingebildeten Kranken aus seiner Praxis nicht ganz ausgeschlossen hat. Er hat für sie ja auch einen diagnostischen Terminus – »Hypochondrie« – reserviert. So »gibt« es die Hypochondrie bis heute: die Arbeitsgemeinschaft für Methodik und Dokumentation in der Psychiatrie definiert sie als »abnorme, ängstlich getönte Beziehung zum eigenen Leib: objektiv unbegründete Befürchtungen, krank zu sein oder zu werden«. Aber sie ist gewissermaßen das Paradigma eines Sichkrankbefindens, dem keine körperliche Realität entspricht.

III. Gebärmutter und Hysterie
Die Einbildung bleibt an der Macht

Mit den gebärmütterlichen Einbildungskrankheiten, der Hysterie im weitesten Sinne (hystéra = Gebärmutter), war das anders. Wir sagten oben, daß Helmont den Uterus gleichsam »ein ander Miltz« genannt hat. Man kann sich sogar fragen, wieweit der Uterus als Sitz von Einbildungen für die Lehre von den Einbildungen überhaupt Modell gestanden habe. In gewissem Sinne ist der Uterus ja der Inbegriff eines Organs der Einbildungen. In

Figur eines vierfüssigen Wurms / welchen ein viertzig jähriger Mann durch das Erbrechen von sich geben.

Figur eines ungeheweren Thiers / so auß der Gebärmutter eines Weibs herauß kommen.

Von allerlei Einbildungen geprägte wurmartige Kreaturen. Auch im Magen-Darm-Trakt konnte derartiges entstehen.

traditionell-aristotelischem Sinn ist er physiologischerweise dazu geschaffen, eine Ein-Bildung, das Bild des Mannes nämlich, zu empfangen.
In aristotelischer Tradition (Aristoteles, 384 bis ca. 322 v. Chr.) wird der Zeugungsakt ja weitgehend als die Übertragung des Bildes vom Mann auf die Frau verstanden bzw. als Einwirkung eines an den männlichen Samen gebundenen »formenden Prinzips« auf das Menstrualblut, die Materie, aus welcher das Kind dann »gebildet« wird. Zeugung schafft daher Knaben, d. h. Doppel des Vaters (vgl. S. 36).
Damit ist das Verständnis der Schwängerung als Ein-Bildung gegeben. Und damit lag es nun nicht so fern, auch eine sozusagen falsche, mutterinterne Zeugung oder Ein-Bildung zuzulassen. So konnte etwa eine Mole (falsche Frucht) infolge einer »geilen Einbildung, ohne Begattung« entstehen. Und wenn vollends unpassende Bilder in die Gebärmutter hineingeraten, kommt es zu hysterischen Einbildungsleiden im engeren Sinne. Der Uterus wird dann Sitz pathogener Bilder – aber nicht »solche Miltzsüchtige verfluchte Bilder«, schreibt Helmont, »welche einem andern zu schaden gereichen, wie die Zauberinnen thun: Sondern ihnen selbst sind die Weibs-Bilder nur schädlich, und sich allein bezaubern, bethören und schwächen sie damit [das Wort ›Weibsbild‹ kriegt hier eine neue Dimension]. Nemlich in sich pregen sie solche Bilder ein, von denen sie [. . .] getrieben, und zu [. . .] Dingen fortgerissen werden, die sie sonst nicht verlangen würden, also daß sie über ihrer eignen wider ihren Willen in ihnen entstandenen Unsinnigkeit nicht genug klagen können«. Helmont spricht dann von den Mutter-Krankheiten: die Hysterie entsteht für ihn »mehrentheils aus gewissen Gemüths-Bewegungen, und daraus entstandenen Bildern [. . .]; also daß (nicht anders als wäre ein Wespen-Nest zerstöret worden) dadurch offtmals [. . .] die gantze Person [. . .] zu Grunde gehet«.

So sind diese Ein-Bildungs-Leiden eigentlich pathologische Schwängerungen und Geburten. Die hysterische Schwangerschaft ist davon nur ein Spezialfall. »Nun kommen [. . .] die

Mutter-Kranckheiten nicht her aus einem verdorbenen Samen«, schreibt Helmont, »sondern dieses sind vielmehr [. . .] Früchte, [. . .] die auf die Bilder [. . .] erfolgen.«

Aber auch die so häufig beobachtete Mutter-Ähnlichkeit von Kindern konnte man sich mit der Imaginatio erklären, und sogar besser als Aristoteles, ohne damit gleich einen weiblichen Samen annehmen zu müssen. Starke Mutterähnlichkeit eines Kindes konnte so darauf hinweisen, daß die Schwangere allzuviel Zeit hoffärtig vor dem Spiegel verbracht habe.

Wenn aber Kinder statt dem Vater dem Nachbarn oder Hausfreunden glichen, mußte das nicht unbedingt bedeuten, daß die Mutter sich diesen etwa in unzüchtiger Weise zugewendet hätte. An dieser Implikation der Imaginationslehre waren vor allem immer wieder die Gerichtsmediziner interessiert. Denn diese tendierten sowohl im Interesse der Angeklagten als auch in demjenigen des Staates immer dazu, im Zweifelsfalle möglichst viele Kinder legitim zu erklären bzw. die Integrität der Familie zu erhalten. Und da erwies sich die Imaginatio natürlich als ein nützliches gedankliches Instrument.

So widmet schon Giovanni Battista Codronchi (1547–1628) in seinem gerichtsmedizinischen »Methodus« von 1597 (vgl. S. 77) ein längeres Kapitel der Frage, ob die Unähnlichkeit eines Neugeborenen mit seinen Eltern (gemeint ist natürlich der Vater) einen Ehebruch (natürlich der Mutter) beweisen könne? Dabei diskutiert er die verschiedenen klassisch-antiken Ähnlichkeitstheorien und ihre Schwächen – und die Lehre von der Imaginatio, die den klassischen Autoren nicht geläufig war. Doch Codronchi gelingt es, sich auch dabei auf die antiken Autoritäten zu berufen: er deutet eine Stelle der Aristotelischen Problemata etwas im Sinn der Imaginatiolehre um und referiert einen Bericht des heiligen Hieronymus, wonach Hippokrates (460–377 v. Chr.) eine Frau vom Ehebruchsverdacht befreite, indem er in ihrem Schlafzimmer ein für die Vater-Unähnlichkeit des Kindes verantwortliches Bildnis nachwies. Bei Ambroise Paré (1510–1590), dem berühmten Renaissance-Chirurgen und andern frühen gerichtsmedizinischen Autor, erscheint Hieronymus' Kind übri-

C

»Figur einer Jungfrawen, so da gantz harich, und eines Kinds, welches so schwartz, wie ein Mohr, auss der Eltern Imagination und Einbildung worden sind.« Die haarige Jungfrau verdankt ihr Aussehen dem Umstand, daß ihre Mutter im Augenblick ihrer Empfängnis »das Bildnuss Johannis dess Täuffers, mit seiner Camelshaut angethan, so sie in ihrer Schlaffkammer gegen dem Bette hangen gehabt, allzufleissig angeschawet« hat.

gens als Negerkind eines weißen Paars, welches seine Schwärze dem Umstand verdankte, daß der Mutter immer das Bild eines Äthiopiers vor Augen schwebte. Codronchi argumentiert auch mit der biblischen Stelle, wo Jakob gesprenkelte Schafe und Böcke züchtete, indem er dort, wo das Vieh sich begattete, Zweige anbrachte, die er stellenweise geschält hatte (1. Mos. 30, 37–42). Und er schließt: Die Kraft des Gedankens bzw. der Imaginatio ist offenkundig, es können daher Mütter elternunähnlicher Kinder von übler Nachrede befreit werden.

E
G
F
It Pouts it swells it spreads it comes
B
O Sooterkin
C
A Great Birth
A
D
It's too big

Die Imaginatio ist im Lauf des 17. und frühen 18. Jahrhunderts wohl in keiner anderen Funktion so intensiv beansprucht worden wie zur Erklärung eigentümlicher Geburten. Praktische Bedürfnisse mögen hier bestimmend gewesen sein, ideengeschichtlich gesehen darf man nicht vergessen, daß die Imaginatiolehre als solche zum Teil in der Gebärmutter wurzelt.
In Thomas Fienus' Werk über die Kraft der Einbildungen spielt (wie auch bei Donatus) die Einwirkung der Imaginatio auf den Fötus als Paradigma ihrer Einwirkung auf einen fremden Körper eine hervorragende Rolle. Die Imaginatio bewirkt Aborte, Flekken, Mißgestalt; Schrecken und Gelüste haben dabei eine wichtige Übermittlungsfunktion. Frauen, die während der Schwangerschaft durch einen Wolf erschreckt werden, gebären wolfsähnliche Kinder, affen-, frosch- und katzenähnlich werden sie nach entsprechenden Begegnungen mit Affen, Fröschen und Katzen. Die »Wolfsrachen« und die »Hasenscharten« wurzeln zweifellos historisch in der Imaginationslehre.
Im Gebiet der Ähnlichkeitslehre und der Mißbildungstheorie hat die Imaginatio im 18. Jahrhundert nicht nur überlebt, sondern sogar einen neuen Aufschwung genommen. Dieser Aufschwung war konzeptuell getragen von Georg Ernst Stahls (1660–1734) »Animismus« und dem damit verwandten, teilweise daraus abgeleiteten »Vitalismus« des 18. Jahrhunderts. Diese Lehren führten Leben, Gesundheit und Krankheit auf ein seelenartiges Prinzip, die Anima, oder auf die Nerven- und Lebenskraft – die man vorwiegend im Nervensystem lokalisierte – zurück. Sowohl der Animismus als auch der Vitalismus erlaubten dem 18. Jahrhundert, eine recht ausgedehnte Psychosomatik aufzubauen – »Es ist der Geist, der sich den Körper baut«, schrieb Friedrich Schiller unter Stahls Einfluß.

← Noch 1726 konnte Mary Toft mit ihren Hasengeburten die englische Gelehrtenwelt erschüttern. Mit B. bezeichnet ist Sir Richard Manningham (1690–1759), »der berühmteste Londoner Geburtshelfer der ersten Hälfte des 18. Jahrhunderts«. Er stößt das Sprechband aus: »Es wölbt sich, es schwillt, es öffnet sich, es kommt!«

Von diesen denkerischen Möglichkeiten nun machte die Lehre von den mütterlichen Einbildungen – in einem gewissen Gegensatz zur Lehre von den hypochondrischen Einbildungen – recht ausgiebig Gebrauch. Bei den Gerichtsmedizinern des früheren 18. Jahrhunderts wird die Imaginatio sogar zum zentralen Problem im Rahmen der Frage nach Ähnlichkeit und Unähnlichkeit von Kindern und Eltern, welche in Legitimitätssachen nach wie vor eine große Rolle spielte. Allerdings sollten Ärzte und Juristen achten, schreibt Stahls Freund Michael Alberti (1682–1757) zwar in seinem gerichtsmedizinischen Werk, daß sie nicht durch betrügerische Frauen und korrupte Verteidiger betrogen werden, daß nicht Ungerechtigkeit und Bosheit als Effekt der Imaginatio hingehe – wenn etwa eine Frau per imaginationem empfangen haben wolle. Vielleicht hat er hier jenen Fall von 1637 im Auge, da das Parlament von Grenoble entschied, es könne eine Frau, die träumte, sie verkehre mit ihrem seit vier Jahren abwesenden Mann, sehr wohl durch diese Imagination geschwängert worden sein. Es steckte wohl eher der Parlamentspräsident oder sonst ein Mann dahinter, kommentiert aber schon Paulus Ammann (1634–1691), der Leipziger Kritiker gerichtsmedizinischer Gutachten. Der andere berühmte Gerichtsmediziner der ersten Hälfte des 18. Jahrhunderts, Hermann Friedrich Teichmeyer (1685–1746) aus Jena, vertritt die Sache der Imaginatio mit ganz besonderer Wärme: Wenn posthume Kinder dem Erzeuger mehr zu ähneln pflegen als andere, so deshalb, weil das Bild des Verstorbenen der Mutter ständig vor Augen schwebt.

In Sachen des Kindermords behielt die Imaginatio ebenfalls einige Bedeutung – hier zeigt sich wieder, wie eingreifende Konsequenzen auch die luftigsten Theorien haben können. Wir sind der Möglichkeit des Kindermords »per imaginationem« ja schon bei Donatus begegnet, und der Schweizer Chirurg und Stadtarzt Fabrizius Hildanus (1560–1634) hat Fälle veröffentlicht von Kindern, die, nachdem ihre Mütter bei Viehschlachtungen dabeigewesen oder durch Flintenschüsse erschreckt worden waren, wie geschlachtet oder erschossen zur Welt kamen. 1714 schreibt ein Daniel Turner (1667–1740/41) der Imaginatio die Fähigkeit zu, »große und blutige Wunden auf dem Körper der Leibesfrucht zu machen, die die Mutter [...] sich vorgestellt hatte«. Und noch 1779 zieht Wilhelm Gottfried Ploucquet (1744–1814) die Imaginatio als Alternative zum Kindermord in Betracht – so einschneidende körperliche Wirkungen schrieb er der Einbildung im Zusammenhang mit dem Uterus noch immer zu.

Doch im Lauf des 18. Jahrhunderts drang die naturwissenschaftlich inspirierte Kritik an der Imaginatiolehre allmählich auch in die Gebärmutter vor. Eine Schrift des August Blondel (1665–1734) von 1727 ist ein Markstein in dieser Entwicklung. Blondel vergleicht den Glauben an die Imaginatio mit dem Glauben an die Gerechtigkeit des Gottesurteils – er ist sich der praktischen Auswirkungen der Imaginationslehre sehr bewußt. Schuld am zähen Leben der Imaginationstheorie ist seiner Ansicht nach zweierlei: »1. Daß unsere Weltweisen [...] nicht vor dienlich erachtet, [...] die natürliche Ursachen von diesen Flecken oder Ungestalten zu erklären [...] 2. Da die Alten die göttliche Rache mit unter die Ursachen der Mißgeburten gezehlet, so kommt es mir sehr glaubwürdig vor, daß dieses einen solchen erschrecklichen Eindruck in dem Gemüth der Älteren verursachte, daß man aus Liebe zu dem Nächsten für gut befunden, alle diese Übel der Einbildung zuzuschreiben.« Rund 50 Jahre später schreibt ein Autor diese Übel aus Nächstenliebe nicht mehr der Einbildung, sondern natürlichen Ursachen zu. Die Wunden und Verletzungen Neugeborener, sagt Blondel, seien eher Geburtsunfällen und schlechten Geburtshelfern zuzuschreiben als mütterlichen Phantasien. Es fällt auf, daß Blondel von Legitimität und Kindsmord nicht speziell spricht – vielleicht hindert ihn eine aufklärerische Menschenfreundlichkeit daran. Blondel argumentiert vorwiegend anatomisch, physiologisch, entwicklungsgeschichtlich gegen die Imaginationstheorie. Es gibt keine nervösen Verbindungen zwischen Mutter und Kind, und zudem ist das ganze Kind ja im Samen vorgebildet. Andererseits gibt es plausiblere Gründe für Muttermale als die mütterlichen Einbildungen: Anlagefehler, vorgeburtliche Krankheiten, Entwicklungshemmungen, Vererbung. Ein Wasserkopf zum Beispiel entsteht, wenn das Gehirn im Blasenstadium verbleibt. Rote Flecken sieht man, wo die Haut noch zu dünn ist. Die Hasenscharte aber beruht, wie schon William Harvey (1578–1657) beobachtete, auf einer Entwicklungshemmung und nicht auf der Begegnung der Schwangeren mit einem Hasen.

Um die Mitte des 18. Jahrhunderts schrieb die Akademie der Wissenschaften zu Petersburg die Imaginationsfrage nochmals als Preisfrage aus. Prämiert wurde ein Befürworter der Imaginationslehre, klassisch wurde aber die Gegenschrift des Johann Georg Roederer (1726–1763). Roederer war ein berühmter Göttinger Geburtshelfer. Er war gerichtsmedizinisch interessiert, hat auch einiges zur forensischen Geburtshilfe beigetragen. Er ist von Albrecht von Haller (1708–1777), dem Schwiegersohn des Gerichtsmediziners Teichmeyer, nach Göttingen berufen worden und hat später dessen Vorlesung über die gerichtliche Medizin übernommen. Auch Haller selbst, der sich sonst in seiner Vorlesung über weite Strecken darauf beschränkt hat, seines Schwiegervaters Lehrbuch zu kommentieren und zu ergänzen, ist in Imaginationssachen gänzlich von diesem abgewichen. Basis seiner Kritik waren wohl vor allem seine Forschungen auf dem Gebiet der Mißbildungen. Auch Johann Ernst Hebenstreit (1703–1757), Autor des führenden gerichtsmedizinischen Lehrbuchs der zweiten Jahrhunderthälfte, lehnt die Imaginationslehre ab. Sein Werk enthält übrigens als einzige Illustrationen vier Abbildungen von Mißgeburten aus der Sammlung des Autors – eine davon zeigt den Schädel eines mit Hasenscharte geborenen Kindes. 1775 folgte Johann Friedrich Blumenbachs (1752–1840) Arbeit über die menschlichen Rassen, nach welcher die Imaginationstheorie in gewissen, jetzt als typisch betrachteten Fällen, nur mehr »eine schlechte Ausrede« blieb für Frauen, deren Kinder »Spuren eines mit einem Asiaten, Africaner u. d. gl. begangenen Ehebruchs« an sich tragen.

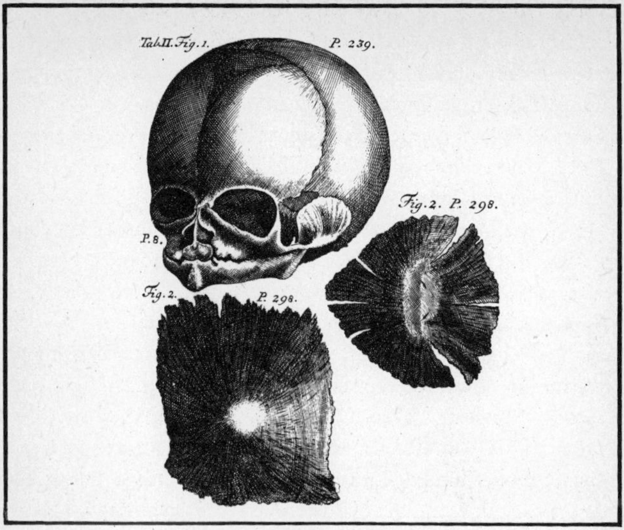

Schädelmißbildung aus dem Formenkreis der Hasenscharten

In Ploucquets zusammenfassendem Werk über die Erbfähigkeit samt Legitimität (1779) bleibt für die Einbildungskraft kaum mehr Raum: Rassenverschiedenheiten zwischen Vätern und Kindern erklären sich leichter durch Ehebruch der Mutter, und im übrigen kann überhaupt »die vermeyntlich erforderliche Ähnlichkeit der Gestalt mit Vatter oder Mutter [...] nichts entscheiden, da ein neugebohren Kind keine bestimmte Physiognomie hat, und Meynung oder Einbildung hier Ähnlichkeit und Unähnlichkeit nach belieben schaffen oder vertilgen kan«. Man beachte den Bedeutungswandel des Begriffs der »Einbildung«: daß Einbildung Ähnlichkeit und Unähnlichkeit »schaffen« könne, hätte man hundert Jahre früher durchaus auch sagen können, es hätte nur etwas anderes bedeutet. Derselbe Bedeutungswandel spricht auch aus einem Zusatz zum Kapitel »Mißgeburten« der Hallerschen Vorlesungen (1782): »Man schrieb in ältern Zeiten die Entstehung solcher Wesen auch auf Rechnung der Einbildungskraft. In den unsern nimmt man sie aber nur zu Hülfe, um

die Misgeburten im Reiche der Wissenschaften daraus zu erklären.«
So hat die Einbildung auch hier mit der Zeit an Realitätswert verloren. Gestalt und Mißgestalt von Kindern sind aus dem Bannkreis der hysterischen Phänomene – im weitesten Sinne – hinausgerückt.

Weitgehend erhalten hat sich die Lehre von der Imaginatio hingegen im engeren Umkreis der Hysterie. Im 18. Jahrhundert, einer Zeit des Liberalismus und des Gleichberechtigungsgedankens auch im Bezug auf die Geschlechter, sah es zwar so aus, als ob die Hysterie ihre Beziehung zu Frau und Uterus verlieren und als ein nervöses Leiden mit der Hypochondrie identisch werden wollte. Auch die hysterische Einbildung hätte damit ihre körperliche Wirklichkeit verloren. Das 19. Jahrhundert aber hat aus Hysterie und Hypochondrie wieder zweierlei gemacht: die Hysterie wurde wieder vermehrt als ein spezifisch weibliches Leiden betrachtet, sei es in ihrer alten Beziehung zum Uterus, in ihrer moderneren Beziehung zum Ovar (vgl. S. 58–64, 137) oder in ihrer modernsten Beziehung zur spezifischen Zartheit und Schwäche des weiblichen Nervensystems (vgl. S. 58–66). Die Einbildungen wurden dabei wieder weitgehend in ihre alten Funktionen als Krankheitsursachen eingesetzt. Dies mag einerseits damit zusammenhängen, daß die Frau, ursprünglich repräsentiert in ihrem Uterus, traditionellerweise ein bevorzugter Sitz von realitätswirksamen Einbildungen ist. Andrerseits findet man historisch nicht so selten, daß sich altes Ideengut im Rahmen der Lehre von der Seele eher konserviert als im Rahmen der somatischen Medizin und innerhalb der somatischen Medizin eher im Rahmen der Frauenheilkunde als in anderen Fächern.
So wird die Hysterielehre im 19. Jahrhundert recht eigentlich zum Reservat der alten Lehre von den krankmachenden Vorstellungen und Bildern – mit Vorliebe sexuellen Inhalts. Sie wird zum Paradigma der Lehre von der psychogenen Krankheit. Gegen Ende des Jahrhunderts wird Jean Martin Charcot (1825–1893), der weltbekannte Neuropathologe, am Beispiel

Hysterie eine Psychogenielehre entwerfen – speziell eine Lehre von der ideogenen Entstehung hysterischer (traumatisch-hysterischer) Lähmungen. Auch für Joseph Babinski (1857–1932) und Pierre Janet (1859–1947), die beide in der unmittelbaren Umgebung Charcots arbeiteten, war die Hysterie das Paradigma eines psychischen, psychogenen Leidens mit körperlichen Symptomen. In Wien arbeitete Moriz Benedikt (1835–1920) mit dem Begriff des »Seelen-Binnenlebens«, eines psychischen Geheimbereiches, der »Werkstätte der Einbildungskraft«. »Unvergleichlich reicher als beim männlichen Geschlechte ist im Allgemeinen das Binnen-Seelenleben beim weiblichen entwickelt. Die Frau muß in ihrem Existenzkampfe so unvergleichlich mehr von ihren inneren Vorgängen verbergen als der Mann, und diese unentladenen Spannungen sind es, welche die Eigenkrankheit des Weibes – die Hysterie – zum grossen Theile entfesseln« – natürlich war es vor allem ihre sexuelle Phantasie, die die Frau damals verborgen zu halten hatte.
Der Wiener Sigmund Freud (1856–1939) hat sich einerseits bei Charcot inspiriert – er hat dessen berühmte Dienstags-Vorlesungen über die Hysterie besucht und übersetzt und dessen psychologische Interpretation der traumatischen Hysterie übernommen und generalisiert. Wie Benedikt haben er und Joseph Breuer (1842–1925) andrerseits den sexuellen Vorstellungen (dem sexuellen Trauma) in der Psychogenielehre eine besonders wichtige Stellung eingeräumt, zunächst im Rahmen einer allgemeinen Hysterielehre, Freud allein später in modifizierter Form im Rahmen einer allgemeinen Neurosenlehre. In ihrer ersten »Vorläufigen Mitteilung« »Über den psychischen Mechanismus hysterischer Phänomene« verweisen Breuer und Freud übrigens auf Benedikts Ideen.

IV. Einbildungskraft, Idee und Kreativität
Psychogenie der Erscheinung im 20. Jahrhundert

Mit der vor allem nach den beiden Weltkriegen in Gang gekommenen Verallgemeinerung der Neurosenlehre und der Erschütterung des Glaubens, daß die Naturwissenschaft der alleinige Schlüssel zur Wahrheit und Erlösung sein würde, hat die Idee von den pathogenen Vorstellungen, überhaupt von der Möglichkeit, daß sich Ideen und Bilder in körperliche Realität umzusetzen vermöchten, wieder an Boden gewonnen. Nach diesen Kriegen, und vor allem nach dem zweiten, sprach man wieder allgemeiner von Bildern, Urbildern oder mindestens »Archetypen«. Die Verhaltensforschung brachte das »Suchbild« und die »Prägung« wieder in die Wissenschaft; man sprach nicht mehr so sehr von Idealen und Imaginationes, aber doch von »Leitbildern« und »images«, man fragte nach Selbstbildern und trieb »imagebuilding«. Zunehmend ist man sich in jüngerer Zeit der Bedeutung von Bildern als Vermittler auf der Ebene tieferer Schichten bewußt geworden und der eingreifenden Wirkung unserer Bilder und Vorstellungen auf unsere Welt und unsere Körper, womit gelegentlich ein neues Aufkommen magischer Denkweisen verbunden ist. Entsprechend hat die »Phantasie« bis zum Ausruf: »Die Phantasie an die Macht!« eine massive Aufwertung erfahren. Die seit dem Zweiten Weltkrieg neu in Aufschwung gekommene Psychosomatik lieferte speziell der Medizin wieder eine theoretische Basis für die Annahme des allerweitesten Spektrums von körperlichen Erscheinungen als Ausdruck von psychologisch erfaßbaren Umständen. Mit alledem sind wir, genau besehen, gar nicht so weit von der alten Imaginatiolehre entfernt – die entscheidendste Verschiedenheit der modernen Ideen von den alten besteht vielleicht darin, daß sie das persönliche Erleben weniger auszuklammern suchen. Insgesamt scheint sich seit den 60er Jahren eben tatsächlich etwas an unserem Wirklichkeitsbegriff verändert zu haben.

V. Epilog

Es fragt sich eben, was Wirklichkeit ist. Im ganzen scheint das Attribut der »Wirklichkeit« je nach Situation – auch nach historischer Situation – verschiedenen Dingen zuerkannt zu werden. Vielleicht ist »Wirklichkeit« am ehesten die Art, wie einem die Dinge erscheinen, hinter welchen die Macht und Autorität steht, der man sich unterzieht. Man unterzieht sich aber immer am liebsten Autoritäten und Mächten, die einem nützen bzw. an denen man irgendeinen Anteil zu haben glaubt oder hat. So empfand »der« Mann des 19. Jahrhunderts die Ergebnisse und Entwicklungen von Technik und Naturwissenschaften, die ihm so viel Angenehmes und Nützliches brachten, als besonders real – Einbildungen blieben den Frauen überlassen; der von diesen Ergebnissen und Entwicklungen nachgerade ziemlich hilflos bedrohte Mensch des 20. Jahrhunderts zieht es vielfach vor, nur seinem eigenen Erleben Wirklichkeitscharakter beizumessen, Wissenschaft und Technik aber als Science Fiction zu verstehen. Der Techniker allerdings empfindet seine Maschinen noch immer als die Wirklichkeit, wie der Sektierer seine Bekehrungserlebnisse. Der Politiker spricht von seinem schwanken Boden als von der harten Realität. Die somatischen Mediziner halten die somatischen Krankheiten für die einzig wirklichen, die Psychotherapeuten kämpfen für die Wirklichkeit der psychischen Leiden. Wenn man aber in sich geht: was hält man selbst wirklich für real?

1978

"WHAT'S ON THE TELLY DEAR?"

Krankheit Frau
Aus der Geschichte der Menstruation in ihrem Aspekt als Zeichen eines Fehlers

I. Menstruation als Zeichen der Überfeuchtung und Unterwärmung – Die Antike

»Schon Hippokrates hat erkannt«, so könnte man klassisch-medizingeschichtlich beginnen, daß die Menstruation mit der Schwäche des weiblichen Geschlechts in engstem Zusammenhang steht. Der historischen Präzision halber muß allerdings gleich beigefügt werden, daß die sogenannte »Hippokratische Schrift« »Über die Krankheiten der Frauen«, welcher man dies entnimmt, nicht auf Hippokrates selbst zurückgeht – die in den »Hippokratischen Schriften« zusammengefaßten Werke gehen nur zum kleinsten Teil sicher auf ihn zurück.

Nun, in dieser Schrift stellt sich die Menstruation als ein Ausdruck der weiblichen Konstitution dar. Diese ist feuchter, weniger dicht, weniger stark als die des Mannes. Wie lockere Wolle viel Nässe in sich aufsaugt, saugt sich das lockere weibliche Gewebe mit vieler Flüssigkeit voll und übervoll – die Menstruation ist, so besehen, ein regulatives Abtropfen des Überflüssigen. Sie zeigt an, daß der weibliche Körper sein humorales Gleichgewicht verloren hat, zugleich behebt sie diesen Zustand – im Symptom verbinden sich ja häufig Zeichen eines Leidens und heilsame Reaktion darauf. Verhaltung der Menses bedeutet daher Verlust der Balance mit Frösteln, Rükkenweh, Fieber, schleimigem Erbrechen, blutigem Urin und Tod. Bei einigen wird der verhaltene Blutfluß nach zwei Monaten in die Lunge verschoben, und die Kranke wird schwindsüchtig. Das nicht ausgeschiedene krankmachende Blut kann sich auch irgendwo örtlich festsetzen und dort Geschwüre, Eiteransammlungen und Schwellungen machen, ein Glied lähmen, Krämpfe verursachen. »Manchmal bilden sich auch Geschwüre in der Gebärmutter.« Es ist anzunehmen, daß die Hippokratiker auch das Ausbleiben der Menstruation infolge organischer Veränderungen der Gebärmutter, etwa durch einen Krebs, nicht für sekundär, sondern für primär angesehen haben wie sie andrerseits auch Zwischenblutungen als Menstruationen aufgefaßt haben müssen.

Die hippokratische Lehre von der Menstruation muß natürlich auf dem Hintergrund der antiken Humoralpathologie gesehen werden, welche den menschlichen Organismus im wesentlichen als ein Ensemble von Säften betrachtet. Gesundheit ist der Zustand des Gleichgewichtes dieser humores; Krankheit, Dyskrasie das Gegenteil – meist sind es Säfteüberschüsse, die dafür verantwortlich sind. Die humoralpathologische Therapie besteht daher zu wesentlichen Teilen im Austreiben und Ablassen der pathogenen Säfte – Schwitzen, Erbrechen, Abführen und Aderlaß. Humoralpathologisch besehen ist die Frau an ihrer weiblichen Konstitution im Grunde natürlicherweise krank, und ihre Menstruation hat den Charakter eines regelmäßigen natürlichen Aderlasses, der sie vor den Folgen ihres Leidens bewahrt. Daher die »monatliche Reinigung«.

Es ist der Vergleich mit dem Mann, der die Frau als nicht ganz vollkommen erscheinen läßt. Im Vergleich mit der männlichen ist die weibliche Konstitution feuchter, weniger dicht, weniger stark. In ihrer Ergänzungsfunktion in bezug auf den Mann allerdings ist die Frau eben doch normal und richtig gebaut. Namentlich hat die Frau dem Manne ja Kinder zu schenken – tatsächlich steht für die Hippokratiker die Tatsache, daß die Frau überfeucht ist, im Dienst der Fortpflanzung. In der Schwangerschaft nämlich wird ihr sonst überschüssiges Menstrualblut für den Aufbau und die Ernährung des Kindes verwendet. Die Gefahren einer Menstruationsstörung drohen denn auch vor allem Frauen, die keine Kinder gehabt haben.

Das Menstrualblut ist damit ein wesentlicher Zeugungsbeitrag

der Frau. Doch wird in der hippokratischen Schriftensammlung als eigentlicher Zeugungsbeitrag ein »weiblicher Samen« angenommen.
Bei Aristoteles wird das Menstrualblut klar zum eigentlichen und einzigen Beitrag der Frau zur Herstellung eines Kindes – es wird zum Analog des männlichen Samens – allerdings zum minderen Analog. Während der männliche Same Träger des in seinem Wesen immateriellen, dynamischen, geistigen Prinzips der Form ist, des eigentlichen schöpferischen Zeugungsprinzips (vgl. S. 21), liefert die Frau in ihrem Menstrualblut lediglich die rohe Materie, aus der das Kind gebildet wird.
Zweifellos wurzelt dieses Konzept zum Teil in ackerbauerischen Erfahrungen. Wie die Frucht des Feldes fraglos dem Bauern und nicht dem Acker gehört, und wie er bestimmt, was da wachsen soll, gehört das Kind dem Vater – der Vater bestimmt Namen, Art und Aussehen des Kinds. So ist das Kind nach Aristoteles im Prinzip ein einfaches Doppel des Vaters: ein Knabe, der genauso aussieht wie er. Wenn das Kind nicht dem Vater gleicht oder gar ein Mädchen ist, ist das die mißgeburtsartige Folge einer Abbremsung des väterlich-schöpferischen Impulses durch die rohe, kalte Materie des Menstrualblutes. Denn die Qualität »kalt« kommt diesem auch bei Aristoteles zu. Daß das Menstrualblut rot ist und nicht hell wie der männliche Same, hängt nach ihm wiederum mit der weiblichen Konstitution zusammen. Die Frau ist »kälter« als der Mann.
»Kälte« bedeutet dabei nicht eine mit dem Thermometer gemessene, nicht eine meßbare Temperatur, sondern eine Größe abstrakt-philosophischer Natur, zunächst einmal das Gegenteil von Wärme. Wärme aber war mit Feuer, Kraft, Leben und einem hohen Wertbegriff assoziiert. Wärme hatte ihren Hauptsitz und Ausgangspunkt im Herzen, das nach Aristoteles das erste und wichtigste Organ des ganzen Körpers und Sitz der übergeordneten Seele war. Wärme war die wichtigste Antriebskraft des physiologischen Funktionierens – dem entspricht der Umstand, daß die Antike die Körperfunktionen mit Vorliebe nach dem Modell des Kochens deutete, was wieder im Zusammenhang

damit steht, daß der Verdauungsapparat die eigentliche Achse der Physiologie war, ähnlich wie mit dem späten 18. und 19. Jahrhundert das Zentralnervensystem zum »Rückgrat« der Physiologie und übergeordneten Organsystem wurde.
Jede Zeit tendiert dazu, die Lebensvorgänge entsprechend ihrer Technologie zu deuten: im späten 18. und 19. Jahrhundert haben die sich selbst bewegenden und dem Menschen gehorchenden Maschinen dem physiologischen Denken Modell gestanden, in der Antike waren es die Vorgänge in Küche und bäuerlichem Betrieb: Gerinnung, Gärung und vor allem das Kochen. Wie man durch Kochen rohes Material zu feinen Gerichten verarbeitete, so verarbeitete der menschliche Organismus kraft seiner Wärme die aufgenommene Nahrung zu Feinerem, zu Säften und Geweben.
Wenn die Frau nun infolge ihrer Kälte, beziehungsweise ihrem Mangel an Wärme, statt hellen Samens rotes Menstrualblut hervorbrachte, so war das im Grunde Zeichen eines physiologischen Mangels. Ihr Organismus, namentlich Leber und Venen, war unfähig, die aufgenommene rohe Nahrung so gut durchzukochen und zu vervollkommnen wie der des Mannes. Dies erscheint um so einleuchtender, als Aristoteles umgekehrt den männlichen Samen als hämatogen, d. h. in den Blutgefäßen entstanden, betrachtete. Aristoteles setzt kontinuierliche Übergänge zwischen Venen und Samenkanälen voraus, die der kontinuierlichen Verarbeitung des roheren Blutes zum Feinsten, dem männlichen Samen, dienen.
Nach sexuellen Exzessen nimmt dieser daher bisweilen blutartigen Aspekt an. »Somit ist die Frau eine Art zeugungsunfähiger Mann. Denn Weibchen sein bedeutet eine gewisse Schwäche, weil es nicht imstande ist, aus der letzten Nahrungsstufe Samen ausreifen zu lassen. Diese Stufe ist Blut [. . .] und der Grund ist die Kälte des Wesens. Wie nun in den Gedärmen bei Verdauungsstörungen der Durchfall entsteht und in den Adern sonstige Blutflüsse, so ist auch der Monatsfluß aufzufassen. Auch dieser ist ein Blutfluß. Aber« – Aristoteles scheint sich von der Idee distanzieren zu wollen, daß man die Menstruation mithin als

Krankheitssymptom aufzufassen habe – »Aber während jene krankhaft sind, ist dieser natürlich«. Dies wieder paßt zu Aristoteles' Auffassung der Frau als Mißbildung bzw. Mindergeburt, die aber aus Gründen der Arterhaltung unentbehrlich sei – eine Auffassung, die das Abendland in zahllosen Modifikationen und Ausformungen weiter gepflegt hat.
Soranus von Ephesus (frühes 2. Jahrhundert) hat der Frage nach der Nützlichkeit der Menstruation ein ganzes Kapitel gewidmet, in welchem er auch die Krankhaftigkeit der Menstruation diskutiert. Er lehnt die humoralpathologische Auffassung der Menstruation als Reinigung ab mit dem Argument, die Natur hätte das Entstehen überflüssiger Stoffe im weiblichen Körper durchaus vermeiden können. Auch die Rückführung der Menstruation auf widernatürliche Geschwüre in der Gebärmutter weist er zurück. Seiner Meinung nach ist die Menstruation Voraussetzung der weiblichen Fruchtbarkeit, doch schadet sie der Frau, denn nichtmenstruierende, männliche Frauen pflegen sehr robust zu sein, und junge Mädchen genießen die strahlendste Gesundheit.

II. Menstruation als Zeichen von Bosheit und Giftigkeit – Mittelalter und Renaissance

Im Mittelalter, in dem die Begriffe von Krankheit und Sünde besonders eng und bisweilen bis zur Identifikation assoziiert wurden, nimmt die Menstruation – wie die Pflicht der Frau, in Schmerzen zu gebären (vgl. S. 130 ff.) – Züge einer Folge der Versündigung an. »Wenn ein Weib den Monatsfluß hat«, so steht es schon in 3. Mose 15, 19–33, »so bleibt sie sieben Tage lang in ihrer Unreinheit, und jeder, der sie berührt, wird unrein bis zum Abend. Auch alles, worauf sie während ihrer Unreinheit liegt, wird unrein, und alles, worauf sie sitzt, wird unrein.« Wer irgend etwas berührt, womit sie in Berührung gekommen ist, wird unrein. »Wenn aber ein Weib den Blutfluß lange Zeit hindurch hat, nicht zur Zeit ihres Monatsflusses [. . .], so ist sie während der ganzen Zeit ihres unreinen Flusses unrein [. . .]. Wenn sie aber rein geworden ist von ihrem Flusse, so soll sie sieben Tage zählen; darnach gilt sie als rein. Und am achten Tage nehme sie zwei [. . .] Tauben und bringe sie zum Priester [. . .]; der Priester aber soll die eine als Sündopfer und die andre als Brandopfer darbringen, und so soll ihr der Priester Sühne schaffen vor dem Herrn wegen ihres unreinen Flusses. So sollt ihr die Israeliten von ihrer Unreinheit befreien, damit sie nicht um ihrer Unreinheit willen sterben [. . .]. Das ist das Gesetz über den, der an einem Fluß leidet, und über den, der einen Samenerguß hat, so daß er dadurch unrein wird, und über die, welche am Monatsfluß leidet.«

Dieser Text enthält neben der Beschreibung der Unreinheit der Menstruierenden den deutlichen Hinweis auf die Unschärfe der Grenze zwischen normaler, regelmäßiger Menstruation und einer genitalen Blutung, die man heute als Symptom einer Krankheit auffassen würde. Ferner gibt er am Schluß die Analogie von Monatsblutung und Samenerguß, eine Analogie, in deren Licht die Menstruation deshalb als Sünde erscheint, weil sie in den Dienst der Fortpflanzung gestelltes Material nutzlos verschüttet.

Wie aber ein Symptom Zeichen einer Krankheit und zugleich Ausdruck einer Selbstheilungstendenz sein kann, kann das Sündenmal auch zugleich Strafe und damit einen Schritt in Richtung Versöhnung bedeuten.

Unter den Schriften der Hildegard von Bingen (1098–1179), einer Äbtissin, die mit sehr vielen maßgebenden Persönlichkeiten ihrer Zeit brieflich und persönlich verkehrte, hochangesehen, einflußreich und repräsentativ für ihre Zeit – unter den Schriften dieser Frau also befindet sich auch eine medizinische Arbeit. Diese belegt uns das Verfließen von Sündenmal, physischem Makel und reinigender Strafe im Begriff der Menstruation in recht typischer Weise. »Als der Fluß der Begierde in Eva eingezogen war«, heißt es da, »wurden alle ihre Gefäße dem Blutstrom geöffnet. Daher erlebt jede Frau bei sich stürmische

Vorgänge im Blute, so daß sie, ähnlich dem Ansichhalten und Ausfließen des Mondes, die Tropfen ihres Blutes bei sich behält und vergießt [...]. Denn wie der Mond zu- und abnimmt, werden beim Weibe Blut und Säfte während der Zeit des Monatsflusses gereinigt. Andernfalls würde es nicht am Leben bleiben können, weil es reicher an Flüssigkeit ist wie der Mann, und in schwere Krankheit verfallen [...]. Alle Gefäße des Weibes würden unversehrt und gesund geblieben sein, wenn Eva allezeit im Paradiese verblieben wäre.«

Der Straf- und Sühnecharakter der Menstruation äußert sich auch darin, daß nach Hildegard »in dieser Zeit das Haupt des Weibes krank, seine Augen matt und sein ganzer Leib schwach« wird. Die religiöse These vom Ursprung der Periode aus Evas Sünde, kommentiert der Medizinhistoriker Paul Diepgen, war keineswegs eine Privatmeinung der heiligen Hildegard, sondern eine allgemeine Überzeugung der im Mittelalter tonangebenden Gelehrten, der Theologen. Und sie hat bis weit in die Neuzeit hinein, sogar in nicht-säkularisierter Form, fortgelebt.

Noch im 17. Jahrhundert schreibt ein wiederum repräsentativer Autor, van Helmont aus Brüssel: »Wie man aber nach der Ursache dieser Blödigkeit fragen« – er nennt die Menstruation »monatlichen Zoll« oder »monatliche Blödigkeit« – »so ist gewiß, daß die Eva nach der Essung des verbotenen Apffels sich den Kützel der geylen Lust unterwürffig gemacht, auch den Mann zur fleischlichen Vermischung angereitzet und zugelassen: Daher die hiervon empfange Menschliche Natur ins Verderben gerathen, und fortan in solcher Unart geblieben: um welches Verderbens willen die Nachkommen der vorigen unvergleichlichen Reinigkeit beraubet worden. Dannenhero die Vermuthung entstehet, daß Eva [...] das Zeugnüs auf alle ihre Nachkommen bringen müssen, wie nicht nur sie gefallen, sondern diese Schuld [...] auch auf die ihrigen gerathen, und dieselben dieser blutigen Verunstaltung an ihrer Natur entgelten müssen. [...] Solcher Gestalt nun ist dieser Fluch in die Natur eingegangen und wird auch so bleiben. Und um eben dieser Ursache willen ist auch die

Nothwendigkeit dieser Monathlichen Schwachheit entstanden. [. . .] Dannenhero möchte man aus dem bißhero gemeldeten diesen Schluß machen: daß die unvergleichliche Mutter Christi, [. . .] weil sie niemahlen keine Verderbung bey sich statt finden lassen, folglich auch nie dieser Monathlichen Blödigkeit unterworffen gewesen.«

Die Lehre von der Menstruation als Sündenmal klingt auch in jener Ansicht eines chemisch interessierten späteren Autors nach, demzufolge »das menstruationserregende Ferment in dem Apfel der Eva enthalten gewesen sei«.

Die Sünde ist in diesem Zusammenhang engstens mit der Sexualität assoziiert – wobei auf Eva eine doppelte Last zu liegen kommt: die der eigenen Sexualität und dazu noch die Adams, denn sie ist die Verführerin – und gleichsam zur eigenen Entlastung scheint Adam dann Evas Menstruation als gerechte Strafe zu empfinden.

War die Menstruierende unrein und sündig, so leuchtete es ein, daß die von ihr abgeschiedene Materie ein Gift sein müsse – wobei, da das Mittelalter aus materieller und geistiger Schädlichkeit keinen Gegensatz machte, der Giftbegriff mit dem Begriff des bösen Zaubers verfloß. Die Auffassung des Menstrualblutes als Gift hat seine antiken Wurzeln in der Naturgeschichte des Plinius (Gaius Plinius Secundus, 23–79 n. Chr.). Es kann nichts Bemerkenswerteres gefunden werden als der Fluß der Frauen, heißt es da. »Denn Wein so im Most ist, machet er zu seiner Zeit sauer, die Früchten angegriffen welck, was gepflantzet verdoret davon. Er verbrennet das Gewechs der Gärten, die Frücht an den Böumen thut er abfallen. Der Widerschein der Spiegel wirt dardurch verduncklet, das Eisen, so es gleich wol gescherpffet, wirt stümpff, des Helffenbeins Weisse gelb. Es sterben davon die Immen in ihren Stöcken, und verrostet gleich was er berüret. So ihnen die Hund schlecken, werden sie unsinnig, unnd ist kein Artzney für derselbigen Hund Biss. [. . .] Und dise gantz beschwerliche kranckheit kömmet alle malh in dreissig Tagen. [. . .] Ettliche haben ihn mehr [. . .] ettliche gar nimmer. Aber dieselbigen sind unfruchtbar.«

Auch Aristoteles kennt das Phänomen, daß sich in Anwesenheit Menstruierender Spiegel trübten. Diese Wirkung wird für ihn durch den Blick vermittelt. Aristoteles erkennt dem Sehorgan eigene Strahlkraft zu, und diese äußert sich im Fall der fiebrigen Störung des Bluts der Menstruierenden am blanken Spiegel durch roten Beschlag. Die Giftwirkung des Menstrualblutes wird hier zum bösen Blick.
Der böse Blick der Menstruierenden und die Giftwirkung des Menstrualblutes waren dem Mittelalter geläufige Dinge. Den bösen Blick findet man bei Albertus Magnus (1193–1280), bei Konrad von Megenberg (1309–1374) verursacht er die Pocken. Eine Glosse zur salernitanischen Chirurgie des Meisters Roger Frugardi (2. Hälfte des 12. Jh.), die nach der Mitte des 13. Jahrhunderts in Südfrankreich entstanden sein soll, rät dem Chirurgen, vor der Trepanation die Unterhaltung mit menstruierenden Frauen zu vermeiden, weil solche die Wundheilung gefährden. Volksmedizinische Traditionen spielen zweifellos in diese Lehren hinein. Außerdem dürfte die sogenannte »arabische Rezeption«, im Verlaufe derer das Abendland die von den Arabern speziell gepflegten Wissenschaften wie Alchimie, Pharmazie, Toxikologie – orientalische Wissenschaften, die zu wesentlichen Teilen aus Persien, Indien und dem noch ferneren Osten kommen – so gut wie möglich integrierte, das chemisch-toxikologische, laboratoriumstechnische Verständnis der Menstruation genährt und den Giftcharakter des Menstrualbluts hervorgehoben haben. Der »Fasciculus Medicinae« des Johannes von Ketham, ein früher medizinischer Druck von 1491, antwortet auf die Frage, wieso der Blick der Menstruierenden den Spiegel trübe, die giftigen Menstruationsdämpfe stiegen eben in den Kopf und suchten da einen Ausgang. Deshalb auch verschlimmere sich das Kopfweh der Menstruierenden durch Tragen eines Schleiers. Daß diese Dämpfe gerade durch die Augen entwichen, hänge mit deren Porosität zusammen, heißt es weiter. Und es wird auf die Gefahr aufmerksam gemacht, die sich daraus ergibt, daß die Augen damit auch Eingangspforten für das von Menstruierenden Ausgestrahlte sind. Wieso sich die giftigen Frauen nicht

selbst vergiften? fragt der Text auch – und antwortet: weil sie sich an das eigene Gift gewöhnt haben.

War die giftige Frau zu meiden, so war auch das Gift selbst zu fürchten. Der an sich alte Giftcharakter des Menstrualbluts tritt in der Renaissance stärker hervor. In der Renaissance – die wissenschaftliche Renaissance fällt ins späte 15. und 16. Jahrhundert – akzentuiert sich ganz allgemein das wissenschaftliche Interesse am Phänomen Gift. Das Bekanntwerden neuer Gifte aus der Neuen Welt mag dabei seine Rolle gespielt haben, die spektakulären Giftaffären an päpstlichen und weltlichen Höfen – Medici und Borgia – eine andere.
Zum allgemeineren Hintergrund des toxikologischen Interesses der Renaissance gehört wohl deren Antiarabismus, der die Angst vor der orientalischen Giftkunde erhöhte und zuweilen auf die gesamten chemisch-pharmazeutischen Wissenschaften den Schatten der Giftmischerei warf. Ferner haben ja bekanntlich in der Renaissance, im Zusammenhang mit Religionswirren und Wertunsicherheiten, die Hexenverfolgungen ihren großen Aufschwung genommen. Wie weit auch hier anti-arabische Tendenzen hineinspielten, wäre zu klären.
Jedenfalls bestehen alte Beziehungen zwischen Frau und Giftmischerei; schon in der klassischen Antike war die Vergiftung ein klassisch weibliches Delikt. Von der Küche zum Hexenkessel haben die Frauen durch die Jahrhunderte von ihrer zum großen Teil wohl durch die Tradition des Frauengeflüsters übermittelten Giftkunde Gebrauch gemacht, ihrem stummen Zorn Genüge zu tun. So fürchtete man in der Hexe nicht nur die böse Zauberin und Teufelshörige, sondern auch die Giftmischerin, um so mehr, als Zaubern und Giftmischen bis ins 17. Jahrhundert hinein fließend ineinander übergingen und über weite Strecken identisch waren. Wenn Hieronymus Cardano (1501–1576) in seinen berühmten Büchern über die Gifte als Kennzeichen des Giftes die Unbekanntheit seiner Wirkungsweise angibt, ist »Gift« und »Zauber« sozusagen im vornherein nicht differenziert. Cardanos Giftbegriff verschwimmt aber auch mit den Begriffen der Infek-

tion und der rätselhaften akuten inneren Krankheit bzw. der akuten endogenen Vergiftung – in unserem Zusammenhang denkt man da an die altehrwürdige Selbstvergiftung an verhaltenem Menstrualblut.

Zur Assoziation von Frau und Gift gehört natürlich außer der Hexe auch die Sexualität. Ob es sich dabei um die männliche oder die weibliche Sexualität handelt, ist wohl nicht auszumachen; jedenfalls ist die Literatur, die ja bis vor kurzem so gut wie gänzlich aus männlicher Feder stammte, voll der mannigfaltigsten Zusammenhänge zwischen Frauen, Hexen, Giften und sexueller Verführbarkeit der Frau, weiblicher Abhängigkeit von der eigenen Sexualität, sexuellen Enttäuschungen, Frustrationen, Rachegelüsten und weiblicher Beherrschung der sexuellen Materie samt Verführungskunst. Der böse Blick, der meist Frauen eigen ist, gehört natürlich in diesen Zusammenhang.

All dies gehört zum Hintergrund des Interesses der Renaissance am Menstrualblut. Nach Paracelsus ist das Menstrualblut der »stercus matricis wie der merda ist stercus stomachi« – ein Unflat, »dem kein Gift auf Erden gleichen mag, schedlicher und strenger«. Menstrualblut gehört zu den Ursachen von allerlei Krankheiten – der Syphilis, der Lepra und der Pest, nach Laurentius (gestorben 1609) auch der Masern und der Pocken. Der Arzt und Botaniker Petrus Andreas Matthiolus (1500–1577) weiß, daß man vom Trinken des Menstrualbluts, speziell demjenigen galliger und zänkischer Frauen, wahnsinnig werde. Viele böse und giftige Weiber verabreichen solches, von Kakodämonen (kakos = griechisch: schlecht, sittlich unrein, böse) verführt, ihren Gatten oder anderen Menschen, die sie hassen. Das Menstrualblut verderbe das Blut und rufe die Liebeskrankheit hervor, schreibt Cardano in seinen Giftbüchern.

Damit stellt er die Beziehung des Menstrualbluts zum Liebestrank bzw. Liebeszauber her. Das Philtrum, ein aktuelles Thema der medizinischen Literatur der Renaissance, ist ein Gift oder Zauber, das Liebe herzustellen vermag, und zwar Liebe zu einer ganz bestimmten Person. So kann das Philtrum auch Ursache der unfreiwilligen »Liebeskrankheit« werden, die der Renaissance so wohlbekannt war. Es pflegt aus sehr verschiedenen materiellen und magisch-dämonischen Dingen zusammengemischt zu sein; das Menstrualblut aber gehört zu den meist gebrauchten Liebestrank-Ingredienzen. In seinem Aspekt als wesentlicher Bestandteil des Philtrums sieht man das Menstrualblut in geradezu paradigmatischer Weise das materielle Gift und den immateriellen Zauber in sich vereinigen, wobei der Hexenzauber nahtlos in den Zauber der schönen Frau übergeht. Die Betrachtung der Frau als ein sozusagen physiologischerweise innerlich vergiftetes, gifthaltiges, auf psychischer Ebene zänkisches, giftiges (»die Giftspritze«) Wesen erscheint in diesem Zusammenhang dann als die andere Seite der Medaille ihrer Liebenswürdigkeit.

Im 17. und 18. Jahrhundert werden die alten humoralpathologischen und toxikologischen Ideen um das Menstrualblut vermehrt in chemisch-biochemische Deutungen gefaßt. Die chemisch orientierten medizinischen Autoren des 17. Jahrhunderts lieben es, die Menstruation als Ausdruck von Gärprozessen im Geblüt zu betrachten. Dabei wird einerseits der Anschluß an die humoralpathologische Tradition hergestellt, andrerseits – fortschrittsgeschichtlich besehen – der Weg in Richtung des endokrinologischen Gedankens gewiesen. Heydentryk Overkamp (1651–1693), Arzt in Amsterdam, nimmt an, daß fermentative Vorgänge in den Graafschen Follikeln der Eierstöcke (Regnier de Graaf, 1641–1673) dadurch, daß sie sich auf das gesamte Blut übertragen, die Menstruation verursachen. Gegen Ende des Jahrhunderts datiert jene Idee vom menstruationserregenden Ferment in der Frucht vom Baum der Erkenntnis. Nachdem durch Lavoisiers Forschungen (Antoine-Laurent Lavoisier, 1743–1794) der chemische Gedanke in der Medizin neu aktualisiert worden war, kam im frühen 19. Jahrhundert die Auffassung der Menstruation als Akt der Ausscheidung eines Übermaßes an »Kohlenstoff« aus dem – wiederum besonders bedrohten – weiblichen Organismus auf.

Aber auch die eigentliche Giftigkeit des Menstrualblutes hat fortbestanden, und bis in unser Jahrhundert hinein. Man sprach jetzt von »Menotoxin«. »Man darf wohl annehmen«, schreibt

Ludwig Fraenkel (1870–1953) 1924, »daß es diese erwähnten Giftstoffe [Schwefel, Kalk, Phosphor, Magnesia] sind, deren sich der Organismus entledigen muß. [. . .] Das mit dem Menstrualblut zur Ausscheidung gelangende Gift, als Menstruationsgift oder Menotoxin bezeichnet, soll [. . .] auch in [. . .] sonstigen Ausscheidungen« vorhanden sein. »Es war schon immer eine in der Frauenwelt weit verbreitete Ansicht, daß z. B. ein Kuchen, den die Menstruierende bäckt, nicht angeht, eingelegtes Kompott verdirbt usw. Neuerdings hat sich Schick [B. Schick, 1920] mit dieser Angelegenheit beschäftigt und behauptet, daß kaum aufgeblühte Rosen, die eine menstruierende Frau zehn Minuten lang in der Hand oder in der Achselhöhle hielt, nach einigen Stunden zugrunde gingen. Er hat systematische Versuche gemacht und die Sache in größerem Ausmaße bestätigt gefunden und ebenso die Angabe, daß der Hefeteig durch die Berührung einer Menstruierenden geschädigt werde. [. . .] Wenn der Uterus exstirpiert [. . .] wird, so treten gewisse [. . .] Beschwerden [. . .] auf, diese sind, wie Aschner mit Recht hervorhebt, nach all dem Gesagten als Autointoxikation aufzufassen, die durch das Verbleiben der menstruellen Excrete im Körper bedingt sind. Hier helfen [. . .] blutreinigende, entgiftende Maßnahmen.«

Nachklang der alten Gift- und Säftelehre. Inserat vermutlich zwischen 1930 und 1940.

III. Menstruation als Folge einer zivilisatorischen Fehlentwicklung – 18. und frühes 19. Jahrhundert

Das 18. Jahrhundert hat entdeckt, daß die Menstruation Folge eines Zivilisationsschadens sei. Mit Rousseau (Jean-Jacques Rousseau, 1712–1778) hat das 18. Jahrhundert, sozusagen als Ausgleich für seinen Vernunftglauben und Zivilisationsoptimismus, einen gewissen Zivilisationspessimismus entwickelt und in diesem Zusammenhang sich darauf geeinigt, daß die Menschheit einen wesentlichen Teil ihrer Leiden ihrer Entfernung von der Natur (daher »Zurück zur Natur!«) verdanke. Die Menstruation war in diesem Sinne Folge des allzu üppigen Lebensstils: zu vieles Herumsitzen, zu vieles Essen, was vor allem von Frauen nicht durch harte körperliche Arbeit und Ertüchtigung kompensiert wurde – ferner Folge einer allzu strengen, unliberalen Sexualerziehung, die wiederum speziell den Frauen zum Schaden gereichte.

So schreibt Samuel Schaarschmidt (1709–1747), es sei »die Vollblütigkeit bey dem weiblichen Geschlechte die Ursach ihrer monatlichen Reinigung«. Eine Vollblütigkeit aber »erfolget, wenn man mehrere Nahrungs-Mittel zu sich nimmt, als [. . .] nöthig; und wenn man dabey weniger Bewegung hat, als zu Verzehrung des Überflüssigen nöthig ist. [. . .] Bey Menschen macht die Lüsternheit, und die Kunstgriffe, so man bey Bereitung derer Speisen zu Reitzung des Appetits anwendet, [. . .] daß sie insgemein mehr essen, als der wahre natürliche Hunger erfordert; und die Gemächlichkeit [. . .] verhindert, dass [. . .] Frauenzimmer sich [. . .] genugsame Bewegung machen; daher es denn auch kommt, daß bey denen wenigsten [. . .] die natürlichen Auswürffe so von statten gehen, als sie billig solten. Keinen dieser Umstände wird man bey denen Thieren gewahr [. . .], so können sie ja auch nicht vollblütig werden« – deshalb menstruieren sie nicht.

Die Idee, die sexuelle Zurückhaltung, die vor allem der Frau durch die Gesellschaft auferlegt werde, sei die eigentliche Ursache der Menstruation, kommt im Ausspruch eines gewissen

Heinrich Nudow (geb. 1752) von 1791 zum Ausdruck, welcher sagt: »Im wahren Ideal des Weibes findet kein Monatsfluss statt«, und in Lorenz Okens (1779–1851) Erklärung, die Periode komme zustande infolge der »fortdauernden Aussetzung der Empfängniß«. »Sie, [...] Product der Eingeschränktheit des Geschlechtstriebes, erbte sich von der Mutter zur Tochter fort, da auch dieser der Geschlechtsgenuß versagt, und meistens jahrelang versagt wurde, ungeachtet die Natur des zur vollständigen Ausbildung gediehenen Weibes es forderte. [...] Die ersten Generationen des weiblichen Geschlechts waren sicher von diesem Blutflusse befreit.«
Die Wurzeln der aufklärerischen Auffassungen der Menstruation als Ausdruck eines Zivilisationsschadens sind zum Teil alt. Schon Soran diskutierte das zu viele Essen und zu wenig Arbeiten der Frauen als Ursache der Menstruation. Daß die Menstruation die Folge des aufrechten Ganges sei, war eine Idee schon der sogenannten Iatrophysiker des 17. Jahrhunderts, welche Lebens- und Krankheitsphänomene mechanisch-physikalisch zu deuten liebten. Die Iatrophysiker leiteten die Menstruation bald von einer Feuchtigkeitsverhaltung im weiblichen Organismus infolge der besonders dicken Haut der Frau her, bald von erhöhtem Druck in den Uterusgefäßen infolge von deren speziellem Bau und einer Blutüberfülle (ein altes pathogenes Prinzip der Säftelehre), bald eben von einem übermäßigen Druck der Blutsäule auf die Unterleibsorgane infolge des aufrechten Ganges, Druck, der speziell die schwachen weiblichen Gefäße zum Bersten bringe.
Ein Novum des 18. Jahrhunderts scheint indessen die Idee von der durch fehlerhafte Erziehung unterdrückten weiblichen Sexualität zu sein. Dies hängt mit der aufklärerischen Hochblüte des liberalen Gedankens zusammen, die sich auch in einem ausgesprochenen, wenn auch noch nicht in breiterem Maße praktizierbaren sexuellen Liberalismus äußerte. In dieser Sicht ist der sexuelle Verkehr ein Tauschgeschäft zum Vorteil beider und hat die Behinderung der Frau an der Realisierung ihrer Wünsche den Charakter einer Behinderung der freien Wirtschaft

und damit des Vergehens gegen das höhere Wohl der Gesellschaft.

IV. Menstruation als Äquivalent verbrecherischer Taten – Die forensische Psychiatrie des früheren 19. Jahrhunderts

Auch im Bereich der Rechtspflege zeichnet sich im späteren 18. und frühen 19. Jahrhundert eine Liberalisierung ab. Namentlich Frauen gegenüber wird das mildere Urteil gepflegt, zum Teil mit gerichtlich-medizinischen Argumenten.

Der Kindermord spielt bei der Entwicklung dieser Milde eine kristallisationskernartige Rolle. Bevölkerungspolitische und humanitäre Überlegungen verstärken sie. Es wird argumentiert, die weiblichen Schwächen – physisch wie psychisch – seien die Voraussetzung dafür, daß die Frau ihre gesellschaftliche Rolle als Gattin und Mutter erfüllen könne, und wenn eine Frau infolge dieser Schwächen straffällig werde, sei das Urteil deshalb fairerweise zu mildern. Diesem Gedankengang lag ganz allgemein die aufklärerische Assoziation von Gesundheit, Kraft und Tugend, beziehungsweise die Auffassung der Bosheit als Ausdruck eines Leidens zugrunde. In diesem Zusammenhang begann nun auch die Menstruation forensisch neu zu interessieren. Bis dahin war sie in der Gerichtsmedizin höchstens als Entschuldigungsgrund im Bezug auf die eheliche Pflicht und allenfalls auf die Folter vorgekommen. Jetzt wurde sie als Leiden im Dienst von Familie und Vaterland zur Basis gewisser Privilegien.

Bei dem Pionier der französischen Gerichtsmedizin und -psychiatrie, François Emmanuel Fodéré (1764–1835) figuriert sie im Jahr 7 der Französischen Revolution erst als Hafterleichterungsgrund. In der romantischen Frühzeit der deutschen Gerichtspsychiatrie aber tritt sie in Zusammenhang mit den Wurzeln gewisser Delikte und gewinnt damit die Züge einer naturalistischen Entschuldigung krimineller Taten.

Zunächst allerdings ist es vor allem die pubertäre Umwälzung,

die berücksichtigt wird. Das Einsetzen der Menstruation in der Pubertät ist nur eines der Zeichen dieser kritischen Zeit – ein anderes ist das Auftreten des Sexualtriebes. Die leisesten Störungen können in den Entwicklungsjahren zu den merkwürdigsten Triebentgleisungen führen; namentlich kann eine gestörte Menstruation einen Trieb zum Brandstiften mit sich bringen. Dies beschäftigte die Autoren – speziell die deutschsprachigen – des früheren 19. Jahrhunderts stark. Tatsächlich scheint die Brandstiftung durch junge Mädchen in jener Zeit in den deutschen Landen ein erhebliches soziales, juristisches und psychologisches Problem gewesen zu sein, um so mehr, als die Brandstiftung damals zu den am härtesten geahndeten Verstößen gegen das Gesetz gehörte – Todesstrafe. Andrerseits scheint das seinerzeitige Interesse an der Pubertät auch vom romantischen Interesse an der Metamorphose sich genährt zu haben.
Ernst Platner (1744–1818), der Schöpfer des in der Praxis, Theorie und Geschichte der forensischen Psychiatrie so wichtig gewesenen Begriffs der »amentia occulta«, des »versteckten Wahnsinns« (1797), gibt im zweiten seiner beiden berühmt gewordenen Artikel über diesen Gegenstand die Geschichte einer Brandstifterin wieder.
»Ein Mädchen auf dem Lande, noch nicht völlig 17 Jahr alt, legt zweimal in dem Gehöfte ihres Dienstherrn Feuer an. [. . .] Dabei war sie so begierig auf das Feuer, dass sie, als dasselbe allmälich zum Ausbruche kam, [. . .] in eine Art von angenehmer Erwartung gerieth.« Dieses Mädchen hatte keinerlei Zwist gehabt mit ihrem Dienstherrn noch irgendein »deutliches Zeichen von Wahnsinn verrathen. [. . .] Aber ihr körperliches Übelbefinden war außer allem Zweifel«, denn sie litt an epileptischen Krämpfen, »und von den Anfällen dieser Krankheit wurde sie dann um so heftiger heimgesucht, wenn sie in die Zeit fielen, wo ihre Regeln bevorstanden. Denn dieses Ankämpfen zweier sich entgegengesetzter Anstrengungen quälte und peinigte das Mädchen auf bewundernswürdige Weise; dies war ihr gerade wenige Tage vor dem Anlegen des Feuers begegnet.«
Die medizinische Fakultät zu Leipzig nahm Zusammenhänge an

zwischen der Tat dieses Mädchens und ihren Krampfleiden und Menstruationsverhältnissen und befand, »es stehe [. . .] nicht [. . .] zu behaupten, daß die Inquisitin, ihrer körperlichen Beschaffenheit nach, zu den Zeiten, als sie Feuer angelegt, den freien Gebrauch ihres Verstandes gehabt habe.«
Friedrich Benjamin Osiander (1759–1822) hat die Brandstiftungstendenz junger Mädchen mit dem Zustand ihres Blutes in engste Beziehung gebracht. Junge Mädchen sind von einer übermäßigen »Venosität« beherrscht. »In dieser Venosität ist [. . .] eine besondere [. . .] Eigenschaft der Seele in den Entwikkelungsjahren des weiblichen Geschlechts begründet, nemlich die Feuerlust, oder der Hang Feuer anzulegen. [. . .] Wahrscheinlich liegt diese Feuerlust, diese außerordentliche Lichtgier in der Entweichung des arteriösen Blutes an einer, und Anhäufung des venösen Blutes an einer andern Stelle, besonders in der Gegend der Augennerven; denn gerade alsdann, wenn bey der Pubertätsentwickelung das Blut überhaupt dunkler, mit Kohlenstoff übersättigter ist, wie vor jeder Menstruation, und die Anhäufung des venösen Blutes im Gehirn größer ist, [. . .] äußert sich die Begierde nach Feuer, das ist, nach dem Lichtreitz der irritabilitätsarmen Sehwerkzeuge.«
Die Brandstiftung erscheint hier also als Äquivalent der Menstruation, wie diese eingesetzt zur Kompensation eines physischen Ungleichgewichts – analog dem säftepathologischen Abtropfen. Adolph Henke (1775–1843), der noch vor Osiander ein Werk »über die Entwicklungen und Entwicklungs-Krankheiten« publiziert hatte, sollte dann zum Schöpfer eines eigentlichen »Brandstiftungstriebes« junger Leute, namentlich aber doch junger Mädchen, werden. Denn das Weib, so schreibt er schon in dem erwähnten Werk von 1814, werde von den Vorgängen der Pubertät ungleich mehr betroffen als der Mann, da bei ihm die Geschlechtssphäre »die ganze Organisation und das innerste Leben beherrscht«. Die »pathogenische Wirkung« dieses Entwicklungsprozesses ist daher enorm. »Daraus erklärt sich der ziemlich allgemein verbreitete Glaube, von dem selbst manche Ärzte sich nicht frei machen können, daß die Entwicklung der

Pubertät eine nothwendige Krankheit sey, wie man die Menstruation überhaupt eine gesundheitsgemäße Krankheit des weiblichen Geschlechts genannt hat.« Die Pubertät ist eine Zeit äußerster Empfindlichkeit und Krankheitsanfälligkeit, speziell vor der ersten Regel und ganz besonders bei den geringsten Unregelmäßigkeiten derselben. Namentlich treten in dieser Entwicklungsphase »molimina menstruationis« (Menstruationsbeschwerden), Chlorosis oder Bleichsucht und »Affektionen des Nervensystemes« in Form von Krämpfen oder psychischen Bildern auf. 1817 aber publizierte Henke, unter Bezugnahme auf Platner und Osianders frühe Andeutungen, »über Geisteszerrüttung und Hang zur Brandstiftung als Wirkung unregelmäßiger Entwickelung beim Eintritte der Mannbarkeit«; 1818, nach Osianders Ausführungen, nochmals ähnlich. Damit wird er zum offiziellen Stifter der aufsehenerregenden und kontroversen Lehre vom sozusagen physiologischen, d. h. normalerweise auftretenden Brandstiftungstrieb der Jugendlichen.
Johannes Baptist Friedreich (1796–1862) nimmt die Ideen seiner Vorläufer in sein maßgebendes »Handbuch der gerichtlichen Psychologie« von 1835 auf und bringt sie vollends in ein romantisches Gefüge. Bei ihm ist der Brandstiftungstrieb der jungen Mädchen die ziemlich natürliche Folge der durch die eintretende Menstruation noch nicht ausgeglichenen weiblichen Venosität, die nach Arteriellem, Hellem, Heißem, Feurigem sich sehnt und die, wenn diese körperlich-geistige Sehnsucht nicht durch einen Mann gestillt wird, in Brandstiftung münden kann. Begierde nach Licht und anhaltendes, trübsinniges, starres Ins-Feuer-Blicken sind daher charakteristische Zeichen einer pubertären Störung. Friedreich vergleicht den Feuerhunger junger Mädchen mit den Gelüsten der Schwangeren – auch diese stehen im umfassenden Zusammenhang mit einem psychophysischen Zustand, der letztlich der Fortpflanzung dient; auch Diebstähle Schwangerer sind daher allenfalls von Strafe zu befreien.
Nicht nur Brandstiftung konnte aber auf Grund der Menstruationsverhältnisse entschuldigt werden. Auch Mord – »auffallend häufig [. . .] Mord an den eigenen Kindern« – Selbstmord und

Diebstahl konnten menstruell bedingt sein. Richard von Krafft-Ebing (1840–1902) hat die entsprechenden Fälle – zu einem guten Teil aus der französischen Literatur, nebst eigenen Beobachtungen – sorgfältig zusammengestellt. Nicht nur die ein- oder aussetzende Menstruation kam dabei als Entschuldigungsgrund in Frage, sondern auch die ganz reguläre Periode, namentlich als Faktor, der ein bestehendes Gemütsleiden so verstärke, daß es in ein Verbrechen mündet. Doch scheint sich der Kreis der im Zusammenhang mit der Menstruation als anormal anerkannten Leiden im Lauf des 19. Jahrhunderts stetig erweitert zu haben – in der zweiten Hälfte des Jahrhunderts sollte auch die normale Menstruation weitherum als Leidenszustand gelten. »Jeder Menstruationsproceß ist«, so schreibt schon 1812 Franz Carl Naegele (1778–1851), die Brücke von der pubertären Entwicklungskrankheit zur Regel schlagend, »als eine neue Entwicklungsperiode anzusehen, die aber, wie andere Entwicklungen, z. B. das Zahnen, der Eintritt der Pubertät, von mannigfaltigen krankhaften Gefühlen und Erscheinungen häufig begleitet wird.

V. Menstruation als Zeichen der verfehlten Bestimmung – Die Sexual- und Fortpflanzungsethik des 19. Jahrhunderts

Wenn im späteren 18. Jahrhundert unter anderem bevölkerungspolitische Überlegungen hinter der Einstufung der Menstruation als widernatürlicher Vorgang standen, schwingt da wohl wiederum die Auffassung der Menstruation als Verschüttung von Material, welches eigentlich der Fortpflanzung zu dienen hätte, mit: Menstruation als ein Analog zum Abort – eine Assoziation, die durch die Beobachtung, daß Schwangere nicht menstruieren, natürlich genährt wird. Im Verlauf des 19. Jahrhunderts tritt die Beziehung der Menstruation zur Fortpflanzung noch weiter hervor. Mehr und mehr einigten sich nämlich die Gelehrten, daß das mittlerweile entdeckte weibliche Ei sich allmonatlich zur Zeit der Menstruation vom Ovar löse. Die aristotelische Tradition, die im Menstrualblut den eigentlichen Zeugungsbeitrag der Frau gesehen hatte, mag in diese Auffassung hineingespielt haben. Offiziell allerdings hat die aristotelische Sicht der Menstruation seit dem 17. Jahrhundert, welches ein Ei postulierte, und dem 18. Jahrhundert, welches einen dem männlichen ebenbürtigen weiblichen Zeugungsbeitrag annahm, kaum mehr gegolten. Aber Ideen sterben ja nicht, weil sie offiziell nicht mehr gelten. Eher pflegen sie sich abzukapseln, oft sich in dem, was man mit kluger Ungenauigkeit als Volksseele bezeichnet, einzunisten und da sozusagen als Sporen, immer zu neuem Aufkeimen in der Welt der Wissenschaft bereit, fortzuleben. Mit der Lehre, daß Eisprung und Menstruation gleichzeitige, zusammenhängende Ereignisse seien, fand auch die klassische Auffassung, das Konzeptionsoptimum liege in der Zeit der Menstruation, eine neue theoretische Begründung. Dieser Auffassung mögen viehzüchterische Erfahrungen Pate gestanden haben, sie wird aber von Hippokrates über Franz Carl Naegele und bis weit ins 20. Jahrhundert hinein auch von der humanmedizinischen Wissenschaft vertreten.

Im Licht der Lehre vom zeitlichen Zusammenfallen und ursächlichen Zusammenhang von Eisprung und Menstruation nun intensivierte sich der Aspekt der Menstruation als Brunst und nichtausgelebte Schwangerschaft. So schrieb Robert Remak (1815–1865), einer der hervorragendsten Mikroskopiker seiner Zeit, der sich 1847 an der Universität Berlin habilitierte und so der erste jüdische Privatdozent in Preußen wurde, 1839 eine Arbeit »Über Menstruation und Brunst«. Bemerkenswerterweise erscheint die Menstruation in dieser Publikation wiederum, wie schon um die Wende zum 19. Jahrhundert, als Ausfluß einer pathologischen weiblichen Sexualität. Nur ist es diesmal nicht die unterdrückte, sondern die überreizte Sexualität, die da pathogen ist. »Der Menstrualblutfluß wird hier aus der Physiologie vor das Forum der Pathologie verwiesen«, heißt es da. Die physiologische, normale Menstruation geht ohne Blutung vonstatten. Eine begleitende Blutung ist krankhaft, bedingt durch die sexuelle Freiheit im Intermenstruum, also außerhalb der eigentlichen Brunstzeit – »spontane Begierde bei Frauen ist wohl immer ein krankhaftes Zeichen«. Sie läßt sich verhindern durch »Leibesübungen, passende geistige Beschäftigung und Vermeidung aller psychischen und somatischen geschlechtlichen Aufregungen«.

Den Aspekt der Menstruation als nichtausgelebte Schwangerschaft hebt demgegenüber Rudolf Virchow (1821–1902), der spätere Papst der Medizin seiner Zeit, 1848 hervor. »Seitdem die Physiologen sich dahin geeinigt haben, daß jede Menstruation mit der Loslösung einer Eizelle und dem Übergehen derselben in die Geschlechtswege verbunden ist, mußte natürlich der absolute Unterschied zwischen Schwangerschaft und Menstruation fortfallen«, schreibt er. »Die Menstruation ist eine Schwangerschaft im kleinsten Maaßstabe.« Daß eine Schwangerschaft im größeren Maßstabe aber das Gesündere gewesen wäre, deutet sich im pathologisch-anatomischen Befund an, den Virchow erhebt: »Eine leicht verdickte, succulente, hyperämische Schleimhaut, vermehrte Absonderung von Schleim [. . .] und Epithelialzellen mit Beimischung von Blut, so wird jeder pathologische Anatom, dem man nicht vorher von Menstruation geredet hat, einen acuten Katarrh von großer Intensität diagnosticiren.«

Eduard Pflüger (1829–1910), auf dessen Lehre von der Menstruation ich noch zu sprechen kommen werde, nennt die Menstruation 1865 eine »brünstige Congestion nach den Genitalien« und »Inoculationsschnitt der Natur zur Aufimpfung des befruchteten Eies auf den mütterlichen Organismus« und schreibt: »Man hat sich gleichsam gewöhnt, die Nichtbefruchtung des reifen menschlichen Eies, und sein Zugrundegehen als eine berechtigte Erscheinung zu betrachten. Wenn wir aber im Sinne der Natur denken, müssen wir annehmen, daß die Eier, welche zur Reife gediehen, auch zur Entwicklung bestimmt sind.«

»Alles ist für die Konzeption bereit«, schreibt der englische Gynäkologe Robert Barnes (1817–1907) 1873 über den Zeitpunkt der Menstruation. »Tritt das männliche Element hinzu,

dann findet es ein für die Befruchtung reifes Ovulum. Tritt dieses Prinzip aber nicht hinzu, dann welkt das Ei hin und die Organe treten in Ruhe. Dieser Zyklus ist der Schwangerschaft sehr ähnlich. Die Menstruation kann ohne Übertreibung einem Abortus verglichen werden. Sie ist eine verfehlte oder enttäuschte Schwangerschaft.« Und Wilhelm Loewenthal (1850–1894) faßt es 1884 in »Eine neue Deutung des Menstruationsprocesses« zusammen: »Genau genommen ist also die weder schwangere noch stillende und deshalb menstruirende geschlechtsreife Frau nicht das [. . .] Normale, sondern nur eine durch unsere [. . .] Verhältnisse [. . .] alltäglich gewordene Erscheinung, deren große Verbreitung den der Blutung als solcher anhaftenden pathologischen Charakter wohl zu verdecken, aber nicht aufzuheben vermag.« Die Menstrualblutung ist für ihn unphysiologisch, eine »Folge [. . .] des Absterbens des menschlichen Eies, – so hat sie alle Eigenschaften und Wirkungen anderer und stets pathologischer Blutungen«.
Diese Auffassungen blieben nicht unwidersprochen. Ein Robert Möricke (1851–1900) kritisierte sie 1880 methodologisch. Für ihn sind Virchows Befunde einfach Kunstprodukte. »Jeden Unbefangenen mußte von Anfang an die Ansicht, daß während der Menstruation die Uterusschleimhaut [. . .] zu Grunde gehe und sich nachher allmählich wieder aufbaue, mit [. . .] Zweifeln erfüllen. Die Menstruation ist, wie Niemand läugnet, ein physiologischer Vorgang, sie würde ja, wenn sich solche degenerative Processe abspielten, einen ganz pathologischen Charakter bekommen. [. . .] Der Grund, warum die früheren Untersucher zu solch eigenthümlichen Resultaten gekommen sind, liegt eben einfach darin, daß sie ihre Präparate nie ganz frisch untersuchen konnten, die Veränderungen, welche sie sahen [. . .], waren [. . .] einfache Leichenerscheinungen.« A. E. Feoktistow aus Petersburg hingegen kritisiert spezifisch die Implikationen der Abort-Lehre: Es ließe sich daraus, schreibt er, »folgende praktische Nutzanwendung deduciren: Jungfrauen, so jung oder so alt sie sein mögen, wenn sie nur menstruiren, hätten in der Ehe oder in einer anderweitigen Form geschlechtlichen Umganges das

Heilmittel gegen die Krankheit, an der sie laboriren, also gegen die Menstruation zu suchen.« Und ferner: »Es darf nicht unerwähnt bleiben, daß schon vor Loewenthal A. King (American Journal of Obstetrics, August 1875) dieselbe Idee vertheidigte, indem er sagte, die Menstruation sei nichts anderes als eine pathologische Blutung, abhängig von der Nichtbefriedigung normaler geschlechtlicher Bedürfnisse, und daß die Frau normaliter nie aus dem Zustande der Schwangerschaft, der Nachgeburtsperiode und der Lactation kommen dürfe. – Ein angenehmer Zeitvertreib!«

Zwischen Loewenthal und Feoktistow entspann sich eine damit eingeleitete zeittypische kleine Kontroverse, im Laufe derer Feoktistow seinem Partner nochmals die Ehre absprach, die Menstruationsblutung als erster als pathologische Blutung bezeichnet zu haben. »Leider ist Loewenthal mit der Arbeit King's nicht bekannt [. . .] Aber auch frühere Autoren vertreten dieselbe Meinung. Einer der frühesten war Robert Remak und die von ihm citirten Roussel und Oken.«

Diese Kontroverse um die Krankhaftigkeit der Menstruation bzw. der sich nicht fortpflanzenden Frau muß auf dem Hintergrund der großen Kontroverse um die Schwangerschaftsverhütung gesehen werden, welche die zweite Hälfte des 19. Jahrhunderts stark bewegte, ähnlich den Kontroversen über die Freigabe des Schwangerschaftsabbruchs, die man noch heute hören kann. Die Natürlichkeit oder Unnatürlichkeit der Antikonzeption beziehungweise der von der Willkür des Menschen, namentlich der Frau abhängigen menschlichen Vermehrung wurde damals unter Freisetzung großer Emotionen diskutiert. Ängste vor Gleichgewichtsstörungen der Bevölkerung, aber auch um die geltenden Werte samt sozialer Ordnung, namentlich auch Angst vor unkontrollierbaren Entwicklungen auf dem Gebiet der Frauenemanzipation standen hinter jenen Auseinandersetzungen. Auf diesem Hintergrund besehen war die Frage um Krankhaftigkeit oder Nicht-Krankhaftigkeit der Menstruation eine medizinische Form der Frage nach der Bestimmung der Frau, beziehungsweise nach der Rechtmäßigkeit der Bestrebung beider Geschlechter, die Fortpflanzung in die eigenen Hände zu nehmen und selbst zu gestalten – und damit auch sexuell selbstverantwortlich zu werden. Die Auffassung der Menstruation als krankhaft brachte diese, so besehen, wiederum in die Nähe des Sündenmals. Zeichen der Sünde nicht gegenüber Gott, aber gegenüber der Natur, die die Frau zur bedingungslosen Fortpflanzung bestimmt hat und gegenüber einer Gesellschaft, die von ihr die Erfüllung dieser Bestimmung erwartet.

VI. Menstruation als Zeichen einer nervösen Schwäche – Späteres 19. und früheres 20. Jahrhundert

Noch in einem anderen Zusammenhang erschien die Menstruation in der zweiten Hälfte des 19. Jahrhunderts als ein pathologischer oder doch abnormer Zustand. Es ergab sich dies aus den Vorstellungen, die man sich über die Abhängigkeit der Menstruation von der Ovulation machte. Man hielt sich dabei im allgemeinen an das von Eduard Pflüger entworfene Konzept. Pflüger lehnt die vor ihm geläufige These ab, daß »die emissio ovuli [. . .] die eigentliche directe Ursache der Menstruation sei, deren regelmäßige Periodicität heute noch ebenso unerklärt ist, wie die gleiche der Eilösung. Das harmonische rhythmische Zusammenwirken [. . .] sonst getrennter Organe weist auf eine Intervention des Nervensystemes hin«.

Pflüger geht von der Reflexlehre aus. Sehr schwache Reize vermögen, wenn sie nur kurz dauern, die ihnen entsprechende reflexartige Bewegung oft nicht auszulösen. Wenn sie aber anhalten, können sie sich summieren und so zu periodischen Entladungen führen. Pflüger erinnert hier an das seiner Zeit geläufige Konzept von der Reflexepilepsie mit periodischer Entladung. »Periodische Krämpfe nach schwachen aber dauernden Anlässen, die nicht die epileptische Form anzunehmen brauchen, sind keine seltnen Erfahrungen im Gebiete der Pathologie. Dieses Reflexprincip enthält, scheint mir, den Schlüssel zur Erklärung der rhythmischen Action der weiblichen Genitalien.« Das fortwährende Wachstum von Zellen im Eierstock führt zu einer sehr schwachen, aber kontinuierlichen Reizung der »Ovarialnerven«, diese summiert sich im »menstrualen Reflexcentrum des Rückenmarkes«, und wenn ein kritischer Wert erreicht ist, »erfolgt der reflectorische Ausschlag als gewaltige Blutcongestion nach den Genitalien«, die sowohl den Eisprung als auch die menstruale Blutung auslöst. Die Molimina menstrualia, das regelmäßige Unwohlbefinden, sind ein anderer Effekt des nervösen Ausnahmezustandes während der Menstruation.

»Sitzbad. Da sich im Becken die wichtigsten Vorgänge abspielen, ist auch die Beeinflussung des unteren Rumpfes durch Wasser von größter Bedeutung. Das sogenannte Sitzbad [...] ist daher eine viel gebräuchliche Badeform geworden.«

Mit dieser Lehre nimmt Pflüger die Tendenz seiner Zeit auf, die Menstruation als Erscheinung aus dem Umkreis der Hysterie und der Nervosität zu betrachten – in deren Entstehung ja Geschlechtsorgane und Nervensystem ebenfalls in mannigfaltiger Weise verquickt sind – und verschafft dieser Tendenz ein plausibles neurophysiologisches Rationale. Damit wurde er zur maßgebenden Autorität in Menstruationssachen und das Nervensystem zum zentralen Träger des Menstruationsprozesses bis zum Aufkommen der Hormone. Die Menstruation aber war nun klarer Ausdruck einer chronischen Reizung des Nervensystems und eine Form reflexepileptischer und anderer pathologischer Krampferscheinungen.

Die Reflexepilepsie war im 19. Jahrhundert ein wohlbekanntes Modell der Neurosen und Geisteskrankheiten, die man ja damals gerne auf Funktionsstörungen in Organen zurückführte. Reflexneurotische Mechanismen wurden vielfach für die zahlreichen Symptome der Neurasthenie (»Nervenschwäche«) und für die zahllosen Symptome der Hysterie verantwortlich gemacht. In beiden Fällen wurde das gegebene Leiden dann auf ein Zusammentreffen einer übermäßigen allgemeinen Reizbarkeit des Nervensystems mit speziellen, von bestimmten Organen ausgehenden Reizen zurückgeführt. Im Falle der Hysterie war es, sofern

»Sitzbad mit nachfolgendem Bauch- und Kreuzguß. Nach einem warmen Sitzbad wirken diese Güsse [...] sehr kräftigend.«

sie als Reflexneurose interpretiert wurde, die allgemein angenommene Schwäche und Reizbarkeit des weiblichen Nervensystems, die eine Neigung zur Hysterie begründete und irgendein vom Geschlechtsapparat, namentlich den Eierstöcken ausgehender spezieller Reiz, was die Attacken auslöste. Die Idee, die Hysterie der Frau durch Entfernung der Eierstöcke zu behandeln, lag damit nahe. Auch vom gesunden Ovar gingen hysterogene Reize aus. Wie ja auch das gesunde, d. h. das weibliche Nervensystem an sich zu Hysterie veranlagt war, da es natürlicherweise zarter, schwächer und weniger robust gebaut war als das männliche – auch dies ein an sich unliebsamer, die Frau ständig gefährdender Umstand, der aber im Hinblick auf die Bestimmung der Frau als Gattin und Mutter wünschenswert und normal erschien.

So besehen erscheint die Menstruation als ein der hysterischen Attacke analoger Zustand, als eine Art von Hysterie, auch sie Ausdruck der physiologischen Reizbarkeit und Gereiztheit des weiblichen Nervensystems, auch sie im Hinblick auf die Fortpflanzungspflichten der Frau normal und erwünscht, an sich aber ein Zustand des Leidens. »Die Menstruation ist ein Zustand, darin auch das normale Weib [. . .] an der Grenze ist zwischen Gesund- und Kranksein«, schreibt Erwin Stransky (1877–1962) noch 1927, »gleichwohl gehört die Menstruation [. . .] zur Norm [. . .] Weib und Hysterie, das ist eben überhaupt eine nahe Wahlverwandtschaft.«

Viele Frauen des 19. und des früheren 20. Jahrhunderts scheinen ihre Menstruation auch entsprechend erlebt zu haben – um den Gewinn, daß die Gesellschaft, repräsentiert in ihren Ärzten, ihren Leidenszustand ihrerseits anerkannte und respektierte. Die Menstruationsbeschwerden nehmen in der Soziologie der Frau des 19. Jahrhunderts eine recht wichtige Stellung ein; es scheint ihnen damals einige Ausdrucks-, Kanalisierungs- und Ventilfunktion zugekommen zu sein, die ihnen unterdessen abhanden gekommen sind. »Reizbare Schwäche«, Nervosität bis hin zur Hysterie, Kopfweh, Erbrechen, Verstopfung, Ausschläge, Veränderungen der Sehschärfe, Schwellungen der Nasenschleim-

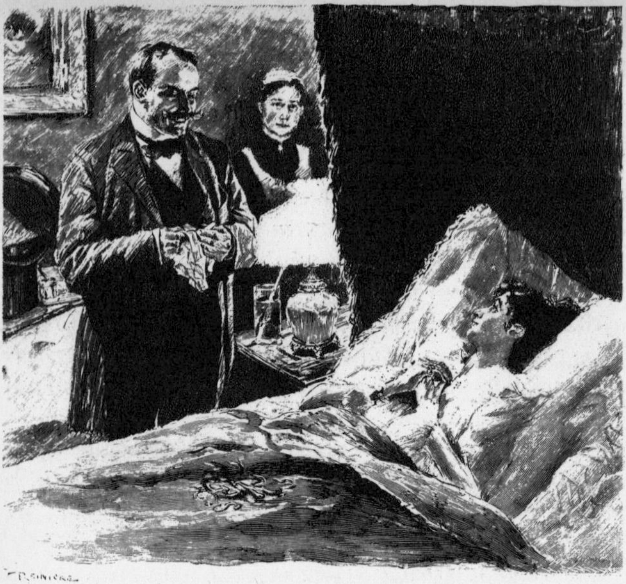

Holzstich aus »Bilder aus dem modernen Leben«, 1890er Jahre

haut – Wilhelm Fliess (1858–1928) prägte den Begriff der »nasalen Dysmenorrhoe«, womit die Menstruation als Schnupfen dasteht – wurden zu Parallelerscheinungen der Menstruation und zeigten an, daß auch diese Zeichen eines der Krankheit nahen Grundzustandes sei. Kurz, schreibt 1902 Max Runge (1849–1909), der das ganze teils als Störung der Gefäße, teils als Reflexneurose deutet, »die Menstruierende ist ›unwohl‹, das heißt, jedes [. . .] Weib geräth alle 4 Wochen in einen Zustand, welcher eine Abweichung von ihren normalen körperlichen und geistigen Functionen erkennen läßt«. Und dann die Folgerung, die eigentlich Voraussetzung ist: »So liegt die geistige und körperliche Abhängigkeit des Weibes von der sexuellen Sphäre klar zu Tage und wir verzeichnen damit einen durchgreifenden Unterschied gegenüber dem männlichen Geschlecht.«

Die sozusagen normalerweise auftretenden Geistesstörungen der Menstruierenden haben die zweite Hälfte des 19. Jahrhunderts besonders beschäftigt. Georg Sigismund Eduard Krieger (1816–1870) betont in seiner (der Gesellschaft für Geburtshülfe zu Berlin zu ihrem 25jährigen Stiftungsfest 1869 gewidmeten) Monographie über die Menstruation, daß Menstruierende nur in den seltensten Fällen keine Veränderungen ihres Befindens durchmachten. »In den bei weitem meisten Fällen findet eine [. . .] Erregung des Nervensystems statt.« Krieger findet Zeichen von Erregtheit sowohl des vegetativen Nervensystems als auch des Gehirns und des Rückenmarks. Ein Freund Kriegers, Louis Mayer (1829–1890) aus Berlin, verfaßte wenig später »Menstruation im Zusammenhange mit psychischen Störungen«, wo er nochmals festhält, daß auch »bei sehr vielen anscheinend ganz gesunden Individuen« die Menstruation psychische Reizzustände mit sich bringe. Solche zeigen sich in »Verstimmung, Verdrießlichkeit, Disposition zum Weinen, Hinbrüten, [. . .] Abneigung gegen die Umgebung, [. . .] Launen, Heftigkeit, Jähzorn, Unruhe, [. . .] Abschwächung des Denkens und Urtheilens [. . .]. Es können auch üble Eigenschaften und Angewohnheiten [. . .] verstärkt werden oder in diesen Zeiten überhaupt hervorbrechen.«
Im späteren 19. Jahrhundert wurde dieses Interesse an psychischen Störungen der Menstruierenden offenbar durch ein intensives Interesse an regelmäßigen Verläufen und an greifbaren Ursachen der Neurosen und Psychosen verstärkt. Die menstruelle Geistesstörung bot in diesem Sinne als ein periodisch von bekannten ovariellen Reizungen her ausgelöstes Reflexleiden auf der Basis einer wohlbekannten Reizbarkeit und Schwäche des weiblichen Nervensystems ein willkommenes Modell für die Geistesstörung überhaupt. 1878 publiziert Krafft-Ebing, einer der maßgebendsten Psychiater seiner Zeit, »Untersuchungen über Irresein zur Zeit der Menstruation« als einen »Beitrag zur Lehre vom periodischen Irresein«. Darin bezeichnet er die menstruellen Geistesstörungen als »die reinste Form innerhalb der [. . .] Vesania periodica« und statuiert, »daß der normale

Menstruationsvorgang an und für sich genügen kann, um das abnorm erregbare Gehirn im Sinn einer acuten Psychose zu beeinflussen«. Nachtragsweise diskutiert er die Auffassung der »menstrualen Irreseinsanfälle [...] als eine Art ›psychischer Epilepsie‹«.

Gegen Ende des Jahrhunderts stieg die Periodizität, die Wellenbewegung der gesamten weiblichen Physiologie samt psychischen Funktionen, in der Lehre von den Menstruationspsychosen vielfach zur Ursache auf. Die Menstruation selbst war dann eine Parallelerscheinung der psychiatrischen Phänomene. Heinrich Schuele (1840–1916) fand einen »intime[n] Zusammengang der psychischen Krankheitscurve mit der Menstrualwelle«. In unserem Zusammenhang ist es interessant, zu wissen, daß man seinerzeit zwischen periodischem Verlauf von Geistesstörungen und erblich-degenerativ belastetem Nervensystem – was man oft auch als »minderwertiges Nervensystem« bezeichnete – innige Zusammenhänge postulierte.

In der gerichtlichen Psychiatrie wurden diese neueren Erkenntnisse über die weibliche Schwäche praktisch angewendet – wiederum vielfach zugunsten einzelner straffällig gewordener Frauen. Die Medaille der weiblichen Minderwertigkeit hatte ja wie alle derartigen Medaillen durchaus auch eine Vorderseite. Man denke nur an die Zuvorkommenheit und große Höflichkeit, mit welcher im 19. Jahrhundert gerade die Frauen aus bürgerlichen Kreisen, unter denen die Nervenschwäche am grausamsten wütete, behandelt wurden. Auch im einzelnen konnte die Annahme der weiblichen Schwäche als Schutz vor Aggression funktionieren, im 19. Jahrhundert sogar vor Gericht.

Der k. k. Landesgerichtsarzt und Dozent der forensischen Psychiatrie Ludwig Schlager (1828–1885) beschließt schon 1858 eine Arbeit über »Die Bedeutung des Menstrualprocesses« mit den Worten: »Unter allen Verhältnissen wird es daher der Gerichtsarzt bei weiblichen Individuen, bei denen es sich um die Dispositionsfähigkeit [...] oder [...] um die Imputationsfähigkeit strafbarer Handlungen handelt, nicht unterlassen, [...] die [...] Menstrualfunction [...] und deren Rückwirkung auf

das psychische Leben ins Auge zu fassen.« Um 1900 stellt Krafft-Ebing in seinem Lehrbuch der gerichtlichen Psychopathologie fest: »Die geistige Integrität des menstruierenden Weibes ist forensisch fraglich.« Krafft-Ebing behandelt den »Einfluß der Menstruation auf das Geistesleben« als Anhang zum Kapitel über »die psychischen Entartungen«. 1902 widmet er der »Psychosis menstrualis« eine eigene »klinisch-forensische Studie«. »Das menstruirende Weib hat Anspruch auf die Milde des Strafrichters, denn es ist ›unwohl‹ [. . .] und psychisch mehr oder weniger afficirt.« Es handelt sich um Störungen des Gemütslebens und »um daraus resultirende elementare Störungen in der Psyche, die die Zurechnungsfähigkeit allerdings nicht aufheben, aber immerhin [. . .] als Milderungsgründe [. . .] Berücksichtigung finden müssen. [. . .] Abnorme Reizbarkeit [. . .] bis zu [. . .] pathologischen Affekten [. . .] sind gewöhnliche Erscheinungen. Unverträglichkeit mit dem Gatten, mit dem Gesinde, üble Behandlung der sonst geliebten Kinder bis zu Mißhandlungen, Zornexplosionen, Ehrenbeleidigungen, Hausfriedensbruch, Unbotmäßigkeit gegen Amtspersonen, Eifersuchtsscenen gegenüber dem Mann, Bedürfniß nach Alkoholicis [. . .] sind der Alltagserfahrung entlehnte Vorkommnisse bei unzähligen weiblichen Individuen, die [. . .] in ihrem ›Sturm‹ [. . .] wahre Furien und Xantippen, gemieden und gefürchtet sind, intervallär als brave Gattinnen, zärtliche Mütter [. . .] angenehme Elemente in der Gesellschaft erscheinen können«. »Bedenklicher«, fährt Krafft-Ebing fort, »wird der Einfluß der Menses bei dem belasteten und so häufig schon längst nervös und psychisch nicht mehr normalen Weib. Da regen sich menstrual wieder Neurosen, wie z. B. Hemicranie, Hysterie, Epilepsie, Neurasthenie [. . .], milde, sonst vollkommen beherrschbare krankhafte Gemüthszustände exacerbiren [verschlimmern sich] [. . .] und führen zu feindlicher Reaction gegen die Außenwelt. [. . .] Endlich sind die verschiedenen Formen des menstrualen Irreseins möglich.«
Die Zeit der Menstruation ist die Zeit gehäuften Selbstmords. »Von menstrualen Impulsen zu Mord enthält namentlich die

französische Literatur klassische Beispiele.« »Groß ist die Literatur über Brandstiftungen auf Grund von Zwangsvorstellungen, die menstrual nicht beherrschbar waren. [. . .] Nicht selten sind menstrual unwiderstehliche Antriebe zum Diebstahl. [. . .] Eine weitere Möglichkeit für Verletzungen des Strafgesetzes bilden pathologische Affekte zur Zeit der Menses«.

VII. Die Menstruation verliert an Symptom- und Symbolwert – Nach den beiden Weltkriegen

Mit und nach den beiden Weltkriegen hat die Menstruation zusehends an Symbol- und Symptomwert für die weibliche Schwachheit verloren. Sie hat auch zunächst ganz allgemein an sozialer und kultureller Bedeutung verloren und ist vermehrt zum Spezialistenthema von beschränkt allgemeinem Interesse geworden – bis sie, vor allem, seit ich diese Arbeit schrieb, in feministisches Rampenlicht rückte, diesmal gewissermaßen als positive Heldin.
Die Hintergründe ihres Bedeutungsverlustes in der Medizin sind komplex. Zum Teil sind sie wissenschaftlicher Art. Mit dem Aufschwung der Endokrinologie, der Lehre von der inneren Sekretion, hat das Hormon als Träger genereller Betrachtungen über »die Frau« die Menstruation etwas abgelöst und verdrängt. Überdies hat die Endokrinologie zur Lockerung der Assoziation von Nervensystem und Menstruation beigetragen und damit die Beziehung zwischen weiblichem Seelenleben und weiblichen »Tagen« etwas mittelbarer erscheinen lassen, um so mehr, als auch alle operativen Eingriffe am Geschlechtsapparat geistesgestörter Frauen kaum je die erwarteten Besserungen zeitigten. »Das Naheliegendste scheint zunächst«, schreibt Gottfried Ewald (1888–1963) zwischen den beiden Weltkriegen, »daß irgendein endokriner Reiz, der mit der Menstruation oder Ovulation verbunden ist, zu einer zentralnervösen Erregung führt, die die Psychose ins Rollen bringt [. . .] Dem widerspre-

chen aber die operativen oder röntgenologischen Kastrationserfolge. Uns selbst lehrte die völlige Erfolglosigkeit von Röntgenkastration, Ovariektomie und schließlich sogar Totalexstirpation bei einer klassischen menstruell rezidivierenden Psychose [...], daß die Dinge keineswegs so einfach endokrinologisch zu lösen sind.«

Insofern die Endokrinologie zur Basis neuer Verhütungstechniken wurde, hat sie auch als solche zur Ent-Aktualisierung der Menstruation beigetragen. Man hat sich an die Antikonzeption allmählich gewöhnt, die im 19. Jahrhundert an dieselbe geknüpften Befürchtungen bevölkerungspolitischer, sexualpolitischer, moralischer, ethischer Art haben sich gelegt. Zwischen den beiden Weltkriegen wurde das Befruchtungsoptimum allgemein von der Menstruation auf die Zeit zwischen zwei Regelblutungen verlegt; Knaus und Ogino (Hermann Knaus, 1892–1970 und D. Ogino) gründeten hierauf ihre antikonzeptionellen Empfehlungen. Damit verlor sich der Abortcharakter der Menstruation vollends.

Auch die Entwicklung der Psychiatrie hat zur Ent-Aktualisierung der Menstruation in der Medizin beigetragen. »Man hat früher einmal geglaubt«, schreibt Ewald, »den Psychosen, die sich im Verlaufe des Generations- und Gestationsgeschäftes [Schwangerschaft und Geburt] des Weibes entwickeln, eine Sonderstellung einräumen zu sollen. [...] Das eingehende Studium der Symptomatologie und des Verlaufes, die Herausstellung der großen Krankheitskreise des manisch-melancholischen Irreseins und der Dementia praecox, das tiefere Eindringen in das Wesen der reaktiven, psychogenen Psychosen und die Zusammenfassung aller symptomatischen Psychosen in den exogenen Reaktionsformen haben aber schließlich zu der Erkenntnis geführt, daß hier doch wohl eine Überschätzung des ätiologischen [ursächlichen] Faktors vorlag, daß man ein propter hoc für das post hoc setzte, und so hat die Betrachtung der Generationspsychosen [...] weitgehend mehr historisches Interesse.«

Interessanterweise bespricht Ewald die Generationspsychosen

als Anhang zu »Psychosen bei akuten Infektionen, bei Allgemeinleiden und bei Erkrankungen innerer Organe« – wobei er allerdings betont, »daß man weder die Generations- noch die Gestationsvorgänge als ›Erkrankungen der Genitalorgane‹ bezeichnen darf.« Auch der Aufschwung der medizinischen Psychologie und der Psychogenielehre, den die Weltkriege nach sich zogen, trug zur Entthronung der Menstruation bei. Manches, was vor diesen Kriegen als körperliche Ursache psychischer Erscheinungen angesprochen worden ist, ist nachdem zum psychogenen Symptom geworden. »Einen nicht geringen Prozentsatz von menstruellen Psychosen«, schreibt Ewald 1927, »dürften [. . .] die psychogenen Psychosen stellen.« Ein Jahr später aber statuiert er, »daß man in Umkehr der Verhältnisse die Menstruationsstörungen für das verursachende Moment« mancher Psychosen gehalten habe. »Heute wissen wir, daß die so häufige Amenorrhoe im Verlauf der Psychosen nur eine körperliche Begleiterscheinung der psychischen Erkrankung ist [. . .]« Selbst Hauptmann, der seine »Menstruation und Psyche« (1924) eigentlich den ihm problematisch und unergiebig erscheinenden »psychologisierenden Tendenzen« seiner Zeit entgegenstellt, berücksichtigt den Aspekt der Menstruation als »Erlebnis«.

Insgesamt kann man den Aufschwung der medizinischen Psychologie nach den Weltkriegen als ein Zeichen eines gewissen Vertrauens- und Prestigeverlusts der somatisch-naturwissenschaftlich begründeten Medizin betrachten, welche körpermedizinische Aussagen über die Frau an sich ihrer sozialen Aussagekraft und ihres Symbolwerts und damit die Menstruation ihrer Aktualität etwas beraubte.

Sozialgeschichtlich gesehen ist die mit den beiden Weltkriegen in breiterem Umfange durchdringende Emanzipation der Frau der wohl wichtigste Hintergrund dafür, daß die Menstruation als Beleg und Begründung für die krankheitsartige Schwäche der Frau an Interesse verliert. Mit einigem Verzug scheinen die Verhältnisse im Gebiet der Lehre vom Klimakterium, die mit der Lehre von der Menstruation natürlich vielfach verquickt ist, ähnlich zu liegen zu kommen. Auch hier spielen sozialgeschichtliche Faktoren offenbar eine bedeutende Rolle. Zum Teil ist die Frauenemanzipation eine eigenständige Entwicklung, zum Teil ist sie mit ökonomischen, kulturellen und medizinischen Entwicklungen verquickt. Gerade die Antikonzeption hat sie wahrscheinlich entscheidend gefördert, indem sie die Beziehung zwischen der Frau als solcher und der Fortpflanzung etwas lockerte. Damit verliert, was an der Frau im Dienst der Fortpflanzung steht, an Bedeutung als Teil fürs Ganze und damit auch die Menstruation an Symbolwert. Zudem ist, was die Menstruation in unserem Zusammenhange symbolisierte, nämlich die Krankheitsartigkeit des Frauseins an sich bzw. die körperliche und geistige Minderwertigkeit der Frau gegenüber dem Mann, aus der offiziellen Diskussion in abgespaltene Bereiche zurückgedrängt worden, und damit entfiel die Notwendigkeit der wissenschaftlichen Untermauerung einer derartigen Annahme.

Ferner scheint die emanzipatorische Erweiterung des Spektrums der für die Frau zugelassenen sozialen Tätigkeits- und Ausdrucksformen einerseits zum Abbau der im 19. Jahrhundert offenbar üppig florierenden Ressentiments und Aggressionen vieler Frauen gegenüber ihren Gatten und Familien beigetragen zu haben. So ist es der Frau ja seit rund 100 Jahren (in Amerika länger, in Deutschland weniger) auch verstattet, Medizin zu studieren und sich gynäkologisch, psychiatrisch, medizingeschichtlich zu äußern, auch über die Menstruation – was ja dann wiederum seine Rückwirkung auf die offiziellen Lehrmeinungen haben kann.

Im Speziellen hat die Menstruationslehre des 19. Jahrhunderts auch in der forensischen Medizin an Bedeutung verloren. Die Differenzierung und Etablierung der forensischen Psychiatrie, die vermehrte Zulassung psychologischer und soziologischer Argumentationen in der Rechtsprechung haben auch hier die Menstruation gewissermaßen ihrer Ventilfunktion enthoben. Zudem hat der Gesetzgeber dem Arzt das Instrumentarium der Verteidigung zum Teil aus der Hand genommen, indem er die medizinischen Voraussetzungen einer Strafmilderung oder Ex-

kulpation in den Gesetzestext aufnahm. Die Menstruation hat er aber als solche nie übernommen.
So nimmt die Menstruation schon in Karl Birnbaums (1878 bis frühe 50er Jahre) »Kriminalpsychopathologie« von 1921 nur noch wenig Platz ein. Eher nebenbei erwähnt Birnbaum auf einer halben Seite »Affektdelikte aus temporär geschwächter Selbstbeherrschung, impulsive Delikte, wie Warenhausdiebstähle, durch episodisch erhöhte Nachgiebigkeit gegen gefährdende Anreize, triebartige Brandstiftungen und Kindertötungen aus passageren Menstrual- und Pubertätsverstimmungen u. dgl. mehr«.
Albrecht Langelueddeke schließt sich mit seinen gerichtspsychiatrischen Ausführungen über die Generationspsychosen noch 1971 Ewalds Meinungen an, unter Betonung allerdings von dessen Zurückhaltung und Skepsis. Im zweibändigen, 1700 Seiten dicken »Handbuch der forensischen Psychiatrie« von 1972 bzw. in dessen fast 30 Seiten langem Index aber figuriert die »Menstruation« nicht mehr. Allerdings sind gerade in den Jahren zwischen diesem und dem ersten Erscheinen dieser Arbeit, da und dort wieder menstruell bedingte psychische Veränderungen vor Gericht geltend gemacht worden.

1974/78

Hebammen und Hymen

I. Einleitung

Sowohl die Hebammen als auch der Hymen haben eine ehrwürdige Vergangenheit. Die Hebammen waren einst, im Mittelalter, nicht viel anderes als weibliche Ärzte, gynäkologisch-geburtshilfliche Spezialistinnen, die sich weitgehender Selbständigkeit und Hochachtung erfreuten, nicht unähnlich den damaligen Chirurgen, die, wenn sie auch von der Schulmedizin mehr oder weniger verachtet waren, doch im Volk und im gesamten Verarztungssystem eine wichtige Rolle spielten. Besonders auch als Stadthebammen konnten diese Frauen zu hohem Status kommen (vgl. S. 131). Diese Vergangenheit wird um so leichter vergessen, als sie schlecht dokumentiert ist. Hebammen schrieben noch weniger als Chirurgen, und so wenig ihr Analphabetismus im Mittelalter, das die mündliche Tradition ja sehr pflegte und hochhielt, sie vom Bildungsgut der eigenen Zeit abschnitt, so sehr hat er sie von der späteren Geschichtsschreibung abgeschnitten.

Der Hymen aber galt im Mittelalter offenbar vielfach als Zeichen der Virginität – die ja während Jahrhunderten ein großes, wichtiges Thema gewesen ist, welches über unmittelbar körperliche Fragen weit hinausging. Auch die Geschichte des Hymens liegt zu großen Stücken im Dunkeln.

Aristoteles braucht den Namen Hymen für alle möglichen Membranen, und nur unter vielen anderen membranösen Gebilden erwähnt er auch den Hymen, den wir heute speziell so nennen. Es ist auffällig, daß »Hymen« auch der Name des Gottes der Ehe war; es erhebt sich da natürlich die Frage, ob außerhalb der Wissenschaft der Name Hymen doch schon in der Antike mit dem, was wir so nennen, mehr als mit anderen Membranen assoziiert wurde, oder ob es sich dabei um eine die spätere Entwicklung anregende zufällige Gleichbenennung handelt – das

eine schließt das andere nicht aus. Bei den Klassikern der antiken Medizin findet man keine Erwähnung oder Beschreibung des Hymens. Von Soranus von Ephesus (frühes 2. Jahrhundert) ist die Anerkennung einer jungfräulichen Enge der Vagina bei ausdrücklicher Ablehnung einer Membran überliefert. Hingegen wird der arabische Gelehrte Avicenna (980–1037) oft als der früheste medizinische Autor angegeben, der ein Jungfrauenhäutchen beschrieben hat – tatsächlich spricht er in seinem »Canon« von einem aus Bändern und Gefäßen bestehenden Gebilde, das man bei Jungfrauen finde. Immer wieder wird ferner in der medizinischen Literatur die Frage nach dem Hymen mit dem biblischen Jungfernschaftszeichen der Deflorationsblutung assoziiert (das mit Blut befleckte Tuch, das nach der Hochzeitsnacht vorgewiesen wird).
Es scheint, daß die Wissenschaft des Mittelalters und der frühen Renaissance ihr Wissen vom Hymen vor allem aus jüdischer und arabischer Tradition bezog. Zwar dürfte auch die Tradition des Frauengeflüsters eine Rolle gespielt haben, doch ist diese naturgemäß nicht quellenkundig. Historisch spricht für ihr Wirken nur, was wir im folgenden sehen werden, daß nämlich die frühe neuzeitliche Wissenschaft den Hymen mit den Hebammen recht eng assoziierte. Auf welche Tradition die Bemerkung des Jacopo Berengario da Carpi (1470–1550) über den Hymen – außer auf die Beobachtung – zurückgeht, ist aus derselben nicht ersichtlich; Andreas Vesalius (1514–1564) zitiert – mindestens in der ersten Fassung seiner »Fabrica« – die Araber als Autoritäten in Sachen der Anatomie des Hymens (in der Folio-Ausgabe von 1555 distanziert er sich von den Arabern zugunsten eigener Befunde).
Wenn in der Folgezeit zahlreiche Autoren die Existenz des Hymens negiert haben, liegt es dem Historiker demnach nahe, hierin einerseits den Ausdruck der realen Probleme zu sehen, denen die wissenschaftliche Untersuchung des Hymens begegnet sein wird, andererseits aber auch den Ausdruck des für die Renaissance typischen In-den-Vordergrund-Tretens der klassisch-antiken und der schriftlichen Tradition (Humanismus,

Buchdruck) gegenüber den arabischen, jüdischen und den hausärztlich-mündlich-wehmütterlichen Traditionsströmen.

In der vorliegenden Arbeit soll aus all den Problemen, die bei diesen Überlegungen auftauchen, ein kleines Teilproblem herausgegriffen werden: die Geschichte der Beziehung zwischen dem Hymen und den Hebammen, wie sie sich in der medizinischen, speziell gerichtsmedizinischen Literatur der Neuzeit präsentiert, die Geschichte also der Beziehung zwischen einem Beruf und einem anatomischen Detail, zwischen einem Stück Standesgeschichte und einem Stück Wissenschaftsgeschichte.

Diese Geschichte sei kurz zusammengefaßt. Sie läßt sich in drei Phasen aufteilen. In der ersten Phase (16. Jh.) wurde dem Hymen sein Wert als Virginitätszeichen, vielfach sogar seine Existenz abgesprochen und dies dann als Argument gegen die Sachkunde der Hebammen verwendet, speziell gegen ihre Kompetenz, vor Gericht über die Virginität auszusagen. In einer zweiten Phase hielt der Hymen allmählich wieder Einzug in die medizinische Wissenschaft. Dabei wurde seine Assoziation mit den Hebammen vermieden, was sich zum Teil in neuen Namengebungen äußert (17. Jh.). In einer dritten Phase (18. Jh.) wird »Hymen« wieder zur gebräuchlichen Bezeichnung der nun wieder als Virginitätszeichen anerkannten Jungfernhaut. Man hätte sagen können, damit sei die Auffassung der alten Hebammen zur Auffassung der medizinischen Wissenschaft geworden. Die Hebammen waren aber unterdessen sehr weitgehend heruntergekommen, und so wurde das Bedürfnis nicht laut, hierauf hinzuweisen. Eine Ausnahme bildet Giovanni Battista Morgagni (1682–1771), der ja auch historisch hochgebildet war. Aber Morgagni konnte anhand der Literatur zeigen, daß die Hebammen sich geirrt hatten.

An der Geschichte der Beziehung zwischen Hebammen und Hymen zeigt sich etwas von der Wechselwirkung, die zwischen Wissenschaftlichem und anderem – vom individuellen Erleben und Streben bis zum organisiert-gesellschaftlichen Phänomen – bestehen kann. Es zeigt sich vielleicht auch etwas von der Schlüsselstellung der Sprache in dieser Wechselwirkung. Die

Sprache dient auch hier nicht allein der Abbildung und Wiedergabe von Dingen, sondern auch deren Integration in übergeordnete menschliche Situationen; Worte sind ja nicht nur Instrumente der Informationsübertragung, sie sind auch die Information selbst und damit mächtige Werkzeuge der Gestaltung – Gestaltung von wissenschaftlicher Erkenntnis sowohl als von menschlichen Beziehungen. Im Wort sind menschliches Erleben und menschliches Verhalten gewissermaßen in eine Form gegossen.

II. Die Negierung des Hymens

Wenn man sich zuerst darüber klar zu werden versucht, welches die Hintergründe der Bestrebungen der neuzeitlichen Mediziner waren, den Hebammen die Untauglichkeit ihres Virginitätskriteriums »Jungfernhaut« nachzuweisen und sie damit für gerichtsärztliche Tätigkeit zu disqualifizieren, muß man sich vor Augen halten, welches Paradox es bedeutete, daß die gerichtsmedizinische Beurteilung der Virginität im Mittelalter in den Händen der Hebammen lag.

Es war im späteren Mittelalter schon schlimm genug, daß sozusagen die gesamte gynäkologisch-geburtshilfliche Tätigkeit in den Händen von Frauen lag, denn so sehr diese Tätigkeit von der Schulmedizin verachtet war, bedeutete sie doch, daß wichtige Bereiche des täglichen Lebens der Kontrolle der Männer mehr oder weniger entzogen waren. Daß dies nicht ohne Spannung abging, spiegelt sich in häufig anzutreffenden Zeichen der männlichen Angst, Wehmütter vermittelten Antikonzeptiva, Liebesmittel, Abortiva, leisteten Beihilfe zum Kindsmord usw., wobei dann das Image der Wehmutter in dasjenige der Kupplerin und der Hexe überzugehen pflegt.

Mit der Begutachtung der Virginität lag nun ein Tätigkeitsfeld in Frauenhänden, das den Mann noch ausschließlicher interessierte und noch brennender insofern, als es dabei doch häufig um

Streitfälle zwischen den Geschlechtern ging. Es ist anzunehmen, daß in dieser Situation bei den Männern der Wunsch Raum gewann, die Begutachtung der Virginität selbst zu übernehmen, um so mehr, als sich keineswegs ausschließen läßt, daß diese Begutachtung, wenn sie von Frauen vorgenommen wurde, effektiv gelegentlich übermäßig stark zugunsten der Geschlechtsgenossin ausfiel.

Ein anderer Grund, weshalb die Gutachtertätigkeit der Hebammen zu Spannungen führte, war wohl der, daß gerichtliche Tätigkeit im Mittelalter und bis in die Neuzeit hinein ganz besonders hoch geachtet war. Denn der Jurisprudenz kam im Mittelalter ähnlich hoher Rang zu wie der Theologie, ein höherer jedenfalls als der Medizin. So lag mit der Gutachtertätigkeit eine Tätigkeit in den Händen der Hebammen (wie der Chirurgen), die selbst einem Mann vom Rang des gelehrten Mediziners Ehre machen konnte – ein weiterer Widerspruch, der nicht ohne Spannungen abgehen konnte. In der Frage der Virginität aber spitzte sich auch diese Situation zu, denn diese Frage wurde – im Gegensatz etwa zur Frage nach dem Vorhandensein einer Schwangerschaft und anderen geburtshilflich-gynäkologischen Fragen – praktisch nur in der gerichtlichen Situation gestellt.

Es kann daher nicht wundernehmen, daß die gutachterliche Tätigkeit der Hebammen in Sachen der Virginität eine besonders beliebte Zielscheibe der Ärzte wurde, die sich in der Neuzeit für gerichtliche Medizin zu interessieren begannen, wobei eben vor allem kritisiert wurde, daß die Hebammen ihre Virginitätsdiagnose auf das Vorhandensein des Hymens abstellten. So schreibt etwa der große Paré: »Also begibt sichs auch offtmals [. . .], daß etwan von dieser oder jener Weibs Personen Jungfrawschafft disputiret und gefragt wird: Und zwar so ist von diesen fast schwärlich zu judicieren und zu antworten. Etliche Matronen und Hebammen geben für, es haben diejenige, so noch Jungfrawen unnd ungeschwächt seyen, in dem Halse oder Eingang zu ihrer Gebärmutter ein Häutlin [. . .] dasselbe, sagen sie, werde in dem ersten Beyschlaff zerrissen. [. . .] Wie betrüglich unnd ungewiß aber diese Kenn- unnd Merckzeichen seyen, wird auß

[. . .] Historien unnd Zeugnussen mehr dann genugsam erwiesen. Denn [. . .] das Häutlin belangendt, so ist dasselbig ein unnatürlich Ding, und wird unter viel tausent jungen Mägdlein kaum in einem gefunden.«
Im Buch »Von dess Menschen Geburt« widmet Paré dem Hymen nochmals ein ganzes Kapitel. »Zwar die Hebammen rühmen, daß sie auß diesem eine Jungfraw von einer, so geschwächt und beschlaffen worden, leichtlich unterscheiden können, nach dem es nemlich gantz und unverletzt oder zerrissen sey, und fellen die Richter oder Oberkeiten, in dem sie ihnen allzubald gläuben und meynen, es könne solche ihre Aussag nicht fehlen, manchmal sehr unbilliche Urtheil. Denn daß diese freche unnd unverschämpte Weiber von diesem Häutlin nichts gewisses haben können, ist auß diesem gnugsam abzunehmen, dieweil etliche auß ihnen fürgeben, es (dieses Häutlin) beruhe aller eußerst und in dem ersten Anblick zwischen den Wänden oder Lefftzen dess Gemächts, etliche in der Mitte dess Halses oder Eingangs in die Gebärmutter; etliche weitter darinnen, nächst bey dem inwendigern Mundtloch der Gebärmutter. [. . .] Und fürwar, so kan man von einem solchen Ding, so dermaßen selten erscheinet, unnd auch wider die Natur ist, meines Erachtens nichts gewisses schließen.«
Natürlich taucht beim Lesen dieses Textes die Frage nach der realen Basis einer derartigen Stellungnahme auf. Diese Frage ist letztlich wahrscheinlich nicht lösbar, weil Erwartungsstruktur und Erfahrung auch in der Geschichte als eine Einheit gesehen werden müssen, deren innere Organisation immer höchstens teilweise erschlossen werden kann. Im vorliegenden Falle glaubt man allerdings, die Vermengung von Hymen und Atresie (Fehlen der natürlichen Öffnung) und die alte terminologische Verwirrung um das weibliche Genitale durchzuspüren, welche sich aus der Analogie ergab zwischen männlichen und weiblichen Geschlechtsorganen, wie sie Galenos von Pergamon (um 130–200 n. Chr.) entworfen hatte (vgl. S. 128 f.). Ähnlich wie Paré und auf diesen sich stützend äußert sich der Leibchirurg Philipps II. (regierte 1556–1598), Juan Fragoso (gest. 1597) –

auch ihm ist der Hymen kein aussagekräftiges Virginitätszeichen. Er schreibe über diese Sache, beschließt Fragoso sein Kapitel über die Jungfernschaftsbestimmung, damit die Richter den Hebammen nicht immer Glauben schenkten, wenn diese darüber aussagten, auch, um die Ärzte und Chirurgen zu unterrichten. Giovanni Battista Codronchi, der wohl erste medizinische Autor, der das Thema Gerichtsmedizin einigermaßen zusammenfassend behandelte (vgl. S. 22), ist ebenfalls der Meinung, die Virginitätsuntersuchung sollte den Medizinern übertragen werden. Denn die Hebammen, denen die Rechtsgelehrten die Sache zu überlassen pflegten, irrten sich wieder und wieder, weil sie – mangels Sachkenntnis – die Virginität nach Kriterien beurteilten, deren erstes, ein Häutchen, Hymen genannt, nach der Meinung der gewiegtesten Anatomen kaum je vorhanden ist – wenn aber, so wird es oftmals von den Heranwachsenden selbst zerstört. Deshalb ist der auf dem Hymen beruhende Schluß auf die Virginität irreführend und zweifelhaft. Wenn die Sache den Medizinern übertragen wird, muß daher nach Virginitätszeichen gesucht werden, welche eine sicherere Entscheidungsbasis abgeben; hierfür biete sich zuerst die Besichtigung des Urins an, welcher nach der Meinung der gelehrtesten Männer bei Jungfrauen klarer und dünner ist als bei Frauen. Zweitens gibt es gewisse Virginitätsproben – Codronchi gibt u. a. die Räucherung der Geschlechtsteile an – von welchem die Jungfrau in Nase und Mund keine Dämpfe und Ausdünstungen verspürt, die Frau aber wohl.
In einem Brief an einen Geistlichen hat sich gegen Ende des 16. Jahrhunderts Horatius Augenius (1527–1603) über den Hymen und die Unsicherheit der Virginitätszeichen ausgelassen. Augenius liebte es, sich in Briefen mit anderen Gelehrten zu streiten; er hat seine Laufbahn als Professor der Logik und der theoretischen Medizin begonnen (was damals recht körperabgewandte Disziplinen waren), war später aber in der Praxis tätig. Speziell auch scheint er sich für gerichtsmedizinische Fragen interessiert zu haben.
Augenius lehnte den Hymen als Virginitätszeichen ab. Für ihn

gibt es keine sichere Unterscheidung zwischen der Jungfrau und der Frau. Als geschulter Logiker und Argumentator bringt er aber zunächst die Zweifel zu Papier, die seiner These entgegengehalten werden könnten. Da ist einmal die Meinung vieler Rechtsgelehrter, die am Hymen nicht zweifeln. Auch das Volk sei ihrer Meinung. Aristoteles und Avicenna sprechen ebenfalls von dieser Membran. Es ist auch zu sagen, daß es ja Verschließungen durch starke Membranen gibt, wieso soll es denn nicht zarte, schwache geben? Ferner steht die Autorität des Anatomen Berengario da Carpi hinter dem Hymen. Und schließlich ist dieses sichere Virginitätszeichen durch die Bibel und profane Schriften, auch durch die Autorität der Kirchenväter bezeugt – und durch die Aussagen der Hebammen. Und warum soll man den Hebammen denn in Sachen ihrer Kunst mißtrauen? Man urteilt sicherer über das eigene Handwerk als über fremdes.
Dann kommt Augenius aber zu den Argumenten, die gegen den Hymen sprechen. Weder die Erfahrung noch die Vernunft sprechen für die Existenz eines speziellen Jungfernhäutchens. Er berichtet, daß sich Eustachius (Bartolommeo Eustachi, um 1520 bis 1574) und Columbus (Realdo Colombo, 1516–1559) hierüber einmal gestritten haben, da Columbus an die Existenz des Hymens glaubte. Sie beschlossen, die Sektion entscheiden zu lassen, und sezierten zwei Mädchen. Da sie bei keinem einen Hymen fanden, gab sich Columbus geschlagen. In seiner Anatomie beschreibt er den Hymen dann als selten und pathologisch, nämlich den Beischlaf behindernd.
Auch der Leibarzt Philipps II., Franciscus Vallesius (1524 bis 1592), versichert in seinem Buch über die heilige Naturkunde, man finde an der Jungfrau keine Membran, die die Jungfernschaft hüte, man finde nur eine starke Enge, die beim ersten Beischlaf zerreiße. Ähnlich glaubt Johannes Fernelius (1497–1558), es liege bei den Jungfrauen kein Häutchen vor, wie es die Alten unter dem Namen Hymen gekannt hätten, sondern bloß eine Art von Verklebung, die dann zerreiße. Augenius zieht noch weitere Autoritäten zur Stützung seiner These herbei,

darunter natürlich Paré – und schließlich hat Galen selbst den Hymen mit keinem Wort erwähnt.
Dann folgen seine Vernunftsgründe. Erstens: Auch wenn der Hymen ein Teil der Jungfrau wäre, so könnte er doch höchstens ein akzidenteller Teil sein, wie ein Blasenstein, ein sechster Finger oder eine Geschwulst. Zweitens arbeitet die Natur ja immer optimal. Es gäbe aber bessere und einfachere Methoden, die Virginität zu schützen, als so eine Membran. Drittens ist nicht einzusehen, wozu die Natur den Hymen überhaupt gemacht hätte, da sie ja doch nichts Unnützes tut. Ein Hymen kann deshalb höchstens entstehen, wie ein Monstrum entsteht und wie die Würmer im Leib des Menschen. Und viertens findet man kaum zwei Hebammen, die in Sachen Hymen einig wären. Die einen sagen dies, die andern das – das nimmt ja auch nicht wunder von unwissenden und ungebildeten Weibern in dieser so schweren Frage.
Später spricht Augenius noch ausführlicher von den Hebammen. Vor Zeiten war eine Hebamme gewissermaßen eine Frauenärztin. Die heutigen Hebammen aber können mit jenen kaum verglichen werden. Denn sie verstehen nichts von Medizin und können nichts anderes, als das Neugeborene in ihrem Schoß auffangen und seine Nabelschnur durchschneiden und abbinden. Zu allem anderen sind sie so geeignet wie der Esel zum Leierspiel. So taugen die Hebammen auch nicht, die Virginität zu beurteilen, wie es das päpstliche Recht zuläßt. Denn Auge und Hand der Hebammen irren oft, sogar durch das päpstliche Recht selbst ist dies bezeugt.
Fortunatus Fidelis (1550–1630), der erste gerichtsmedizinische Systematiker, hat sich Augenius angeschlossen; er argumentiert wie dieser gegen den Hymen, zitiert dieselben Autoritäten, und betrachtet einen allenfalls vorhandenen Hymen als Mißbildung. Auch er wendet sich in demselben Atemzug entschieden gegen die Beurteilung der Virginitätsfrage durch Hebammen, da deren Beobachtungen gewöhnlich unsicher und irreführend seien. Der Tadel, den Augenius über die Hebammen ausschüttet, nämlich, jede beschreibe den Hymen wieder anders, trifft bei ihm aber

auch die Anatomen. Vesal beschreibe ihn als fleischige, Falloppius als nervige Membran, schreibt Fidelis, andere noch anders. Damit schützt er einen schwachen Punkt von Augenius' Plädoyer gegen allfällige Angriffe: Augenius hatte nämlich von Vesal und Falloppius nichts gesagt.

Fidelis findet noch andere Argumente, dem Zeugnis dieser beiden großen Anatomen die Spitze zu brechen: Vesal habe den Hymen zwar anerkannt, seinen Wert als Virginitätszeichen aber skeptisch beurteilt – einerseits zerreiße er oft nicht so leicht, selbst bei einem Beischlaf, andererseits gebe es die Sitte, daß die Hebammen bei der Geburt dieses unnütze Gebilde sprengen, wie die Juden die Beschneidung pflegen. Zudem habe Vesal später einmal, in seinem Brief über die Chinawurzel (1546), geschrieben, er habe nur einmal ein Mädchen seziert, dabei zwar einen Hymen gefunden, daraus indessen nichts Sicheres zu schließen gewagt. Des Falloppius Aussage aber stehe die von anderen Ärzten von ebenso großer Autorität entgegen. Fidelis traut aber auch den übrigen Virginitätszeichen – Urinproben, Räucherungen, Zeichen des dicken Halses und der breiten Nasenspitze von Entjungferten – nicht. Alles in allem: Es gibt keine sicheren Jungfernschaftszeichen, wie auch Augenius bestätigt habe. Ein Starrkopf wäre also, beschließt Fidelis seine Lektion über die Jungfernschaft, wer gegen so viele berühmte medizinische Autoren aufrecht erhalten wollte, diese Membran finde sich bei allen Jungfrauen und man könne hieraus ein sicheres Urteil über die Virginität ableiten.

Interessant ist ein Einleitungsgedicht zu Fidelis' Werk aus der Leipziger Ausgabe von 1674, welches die Frage der Virginität gleich als erste anführt, während sie im Werke selbst als eine eher seltene Frage bezeichnet wird. Wieviel Tränen, wieviel Ehrverlust, heißt es da sinngemäß, wenn die Jungfrauschaft bezweifelt wird! Die Hebamme kommt dann, berührt die Jungfrau, sucht nach dem Hymen und urteilt danach – Oh irreführende Zeichen der Mütter, ruft der Autor aus, durch welche kaum zwischen Buhldirne und der Reinheit der Jungfrau unterschieden wird. Hier erscheint der medizinische Begutachter also als Erretter der

Angeklagten – ein immer wiederkehrendes Motiv der poetischen Seite des Faches – und gerade das verlangt ihm die Ablehnung von Hebammen und Hymen ab.

Die Auffassung, es gebe keinen Hymen, und die Verwendung dieser Auffassung als Argument gegen die Gutachtertätigkeit und gegen die Sachkunde der Hebammen überhaupt, finden sich auch im weiteren Verlauf des Jahrhunderts: in Roderico de Castros (um 1546–1627) »Medicus politicus« von 1614 und noch 1704 in dem brillanten und einflußreichen Buch des Leipzigers Johannes Bohn (1640–1718) über die Pflichten des Arztes. Bohn tritt zwar »männlich und gründlich«, wie ihm ein späterer Historiker zuerkennt, bereits sehr allgemein gegen alle Gutachtertätigkeiten der Hebammen auf, doch sein erstes spezielles Argument ist dabei immer noch die Virginitätsbegutachtung und die Inexistenz von Virginitätszeichen, vor allem des Hymens.

Der Brauch, im Zusammenhang mit der Frage der Virginität auf die Untauglichkeit der Hebammen zu sprechen zu kommen, hat sich noch länger gehalten, bis weit in die Zeit hinein, in der der Hymen bereits wieder als Virginitätszeichen anerkannt war – als ob die alte Assoziation ohne ihre alte Begründung fortbestanden hätte. Vielleicht hat auch der Brauch der Hebammen, die Virginitätsbegutachtung für sich zu beanspruchen, und der juristische Brauch, sie hierfür beizuziehen, eine assoziationsverstärkende Rolle gespielt. »Diese Frage wäre sehr lächerlich«, scheint jedenfalls Albrecht von Haller in seiner gerichtsmedizinischen Vorlesung von 1751 zur Frage der Gutachtertätigkeit der Hebammen gesagt zu haben, »wenn die Rechtsgelehrsamkeit nicht für gut gefunden hätte, ihr das Gepräge des Ernsthaften zu geben«.

Wenn hier zunächst versucht wurde, diese Frühphase unseres Themas auf ihre standes- und sexualpolitischen Hintergründe hin zu durchleuchten, so heißt das nicht, daß in diesen Hintergründen die Motive der beschriebenen Entwicklung gefunden sein wollten. Schon mancher Historiker hat sich auf der Jagd nach Motiven verirrt; Motive sind Privatsache, auch bei historischen Persönlichkeiten, und der Historiker tut gut daran, mit seinem Verständnis nicht totalitär zu werden, sondern Diskretion walten zu lassen. Er/sie muß froh sein, wenn sie/er die Motive im Bereich der eigenen Person halbwegs zu fassen bekommt. Daß man aber auch für die Vergangenheit versucht, die geschichtemachenden Funktionskreise zu rekonstruieren, in welche die überlieferten Quellen eingebaut waren, ist wohl legitim – und fruchtbar insofern, als man dabei lernen kann, auch den eigenen sprachlichen Ausdrucksweisen gegenüber funktionskritisch zu werden.

III. Die Neuentdeckung der Jungfernhaut

In der zweiten Phase unserer Geschichte löste sich in der gerichtsmedizinischen Literatur der enge Zusammenhang von Hymen und Hebammen – es fällt diese Phase grob mit dem 17. Jahrhundert zusammen. Der Hymen wurde allmählich in seiner Existenz ganz, in seiner Aussagekraft über die Virginität bedingt, akzeptiert. Die Hebamme wurde weiter abgelehnt, aber nicht mehr nur als Gutachterin, sondern als Praktikerin überhaupt, wobei anstelle des Einzelarguments, sie verstünde von ihrem gutachterlichen Kerngebiet, der Virginität, nichts, das Argument trat, sie sei ganz allgemein inkompetent, woraus sich ihre forensische Inkompetenz ganz von selbst ergab.
Die Wiedereinführung des Hymens in die Gerichtsmedizin geschah unter dem Druck der anatomischen Befunde. Es war deshalb nicht der Hymen der Hebammen, der nun doch anerkannt worden wäre, sondern es war der Hymen der Anatomen (Berengario da Carpi, Vesal, Falloppius), wie ihn etwa Melchior Sebitz (1578–1674) in seiner »Disputation über die Zeichen der Jungfernschaft« 1630 darstellte. Sebitz war der Sohn eines gleichnamigen Stadtarztes im Elsaß und selbst Anatomieprofessor und Stadtarzt in Straßburg. In seiner Schrift legt er den Streit um den Hymen dar; als Autoritäten, die dessen Existenz anerkennen, zitiert er die neuzeitlichen Anatomen, als Gegner vor

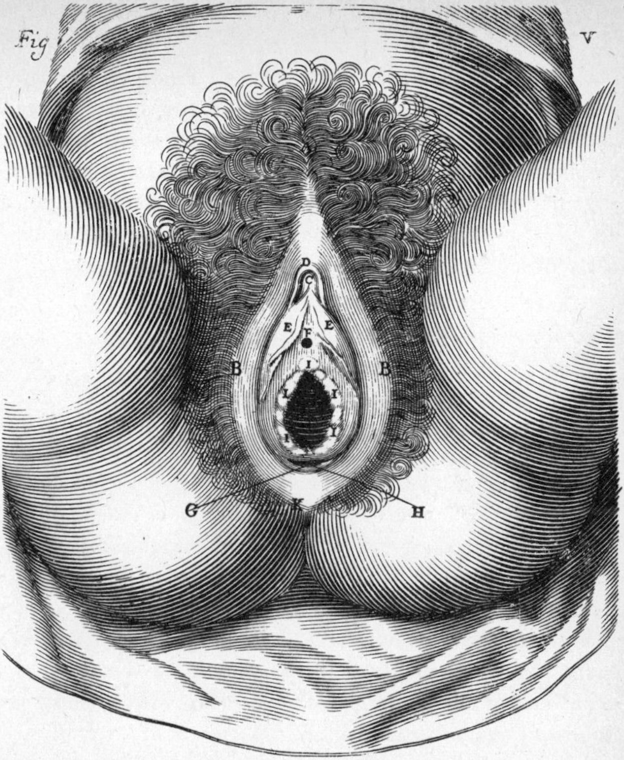

Mauriceau sah den Hymen wie Pineau, nämlich als: »I.I.I.I. Les caruncules myrthiformes.«

allem Augenius. Er selbst findet die Ablehnung des Hymens lächerlich und mißbilligt seine Betrachtung als selten und wider die Natur. Denn diese Membran existiere, er selbst habe sie oft gefunden und zweifle nicht, daß man sie bei Jungfern meistens finden könne. Der Hymen sei eine dünne Membran, die ohne weiteres sichtbar werde, wenn man die Schamlippen, ohne Instrument, etwas spreize. Sie sei bald mondförmig, bald voller und lasse immer den Blasenausgang frei. Mit der Enge der

Geburtswege, der Deflorationsblutung und dem Deflorationsschmerz zusammen halte er den Hymen für ein wahrscheinliches Virginitätszeichen. Sebitzens Arbeit ist später zum medizinhistorischen Klassiker geworden.
Seinerzeit aber scheinen andere Formen der Re-integration des Hymens in die medizinische Wissenschaft eher vorgezogen worden zu sein. Es sind deren auch viele unterbreitet worden: die Verengung des Vallesius, die Verklebung der Fernel (s. S. 78), die beiden durch eine Art von Leim aneinanderhaftenden Membranen, welche Laurent Joubert (1529–1582) fand, als er, von Falloppius dazu angeregt, nochmals nach dem schon ins Reich der Fabeln verwiesenen Hymen suchte.
Auch des Severinus Pinaeus (Mitte 16. Jh. bis 1619) Formel von 1598 gehört hierher. Pineau schreibt, alles, was über den Hymen gesagt und geschrieben worden sei, sei müßig und falsch. Es gibt keine querliegende perforierte Virginitäts-Membran. Aber einen Hymen gibt es eben doch, und zwar besteht er aus vier Membranen, welche nach abwärts gerichtet sind, und vier dazwischen befindlichen Fleischwärzchen. Eine solche Jungfernhaut ist nun wirklich bei den Jungfrauen vorhanden, und die Defloration besteht in der Zerreißung und Auseinandersprengung dieses blumenartigen Gebildes. (Auch dieses Fleischwärzchen-Konzept hat seine Tradition, und als Virginitätszeichen findet es sich schon in den drei von Joubert wiedergegebenen, die Virginität betreffenden Berichten von Hebammen.) Übrigens zeigt die Titelseite einer Pineau-Ausgabe von 1639 den Jäger Aktaion, der die jungfräuliche Artemis beim Bade belauscht: das Hirschgeweih sprießt bereits auf seinem Kopf.
Jean Riolan der Jüngere (1580–1657) hat Pineaus Fleischwärzchen verworfen und statt dessen eine Enge des Scheideneingangs gefunden, welche durch eine Duplikatur des Uterushalses (=Vagina) gebildet werde und die zur Diagnose der Jungfernschaft beitrage. Bei Riolan entwickelt sich also ein jungfernhautartiges Gebilde aus der alten, von den Medizinern immer anerkannten »Enge« – bei Regnier de Graaf wird man die »Enge« dann voll zur Jungfernhaut entwickelt finden. Graafs wichtiges Werk über

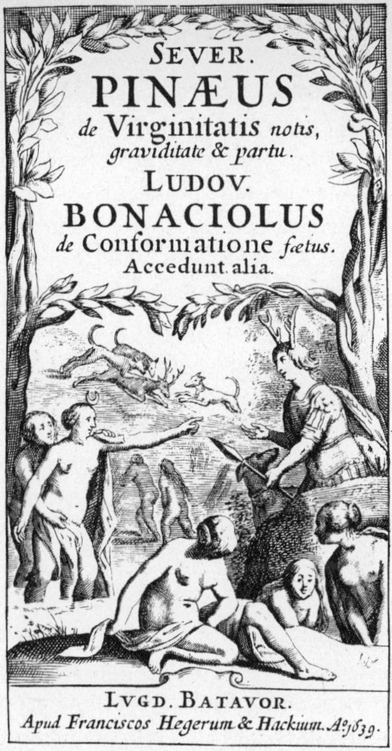

die weiblichen Genitalorgane von 1672 enthält nämlich im Kapitel »Hymen« eine modern anmutende Beschreibung dieser Formation, doch wird dabei der Name »Hymen« vorsichtig vermieden und von »vaginae orificii coarctatio«, einer Verengung des Scheideneingangs, gesprochen. Diese Verengung begreift, schreibt Graaf, alles in sich, was bisher als Hymen, carunculae myrtiformes (myrtenförmig angeordnete Fleischwärzchen), jungfräuliche Verschließung der Scheide beschrieben worden sei – man müsse sie allerdings von der Atresie (wo die natürliche Öffnung von vornherein fehlt) scharf unterscheiden. Graafs Werk enthält auch eine Abbildung dieser Verengung – sie läßt sich von der eines modernen Hymens nicht unterscheiden.

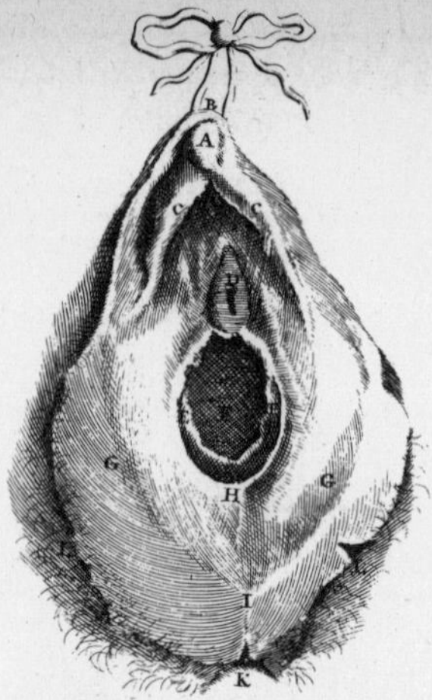

De Graaf sah den Hymen als »jungfräuliche Enge«. »E.E.E.« bezeichnet die Enge des Scheideneingangs bei einer Jungfrau.

Als Stützen seiner Befunde zieht Graaf Autoritäten wie Berengario, Vesal, Falloppio herbei, aber auch solche, die wir als Gegner des Hymens kennengelernt haben, wie Vallesius, Fernel – und eben Riolan: so ist die von den Medizinern immer als Virginitätszeichen anerkannte, nur ihrer Simulierbarkeit wegen skeptisch betrachtete »Enge der Geburtswege« zum nominell verworfenen »Hymen« umfunktioniert.

Dem »Vater der Gerichtsmedizin«, Paolo Zacchia (1584–1659) aber, hat Pineaus Version am meisten eingeleuchtet. Wollten die Rechtsgelehrten wissen, schreibt er, ob eine Jungfernschaft verletzt sei, gäben sie, wo das Urteil der Hebammen kein sicheres sei, oder diese unter sich uneinig seien, diese Frage an die Ärzte weiter. Und wenn auch die Menge glaubt, es gebe sichere Virginitätszeichen, namentlich den Hymen, so stimmten doch alle neueren Autoren – Paré, Augenius, Joubert, Codronchi, Fidelis, Vallesius usw. – darin überein, daß der Hymen nicht als solches gelten könne. Denn wenn er überhaupt vorhanden ist, so muß er doch beim Beischlaf keineswegs zerreißen, namentlich

wenn er hoch liegt, hart oder von der Menstruation etwas aufgeweicht ist. Es bestehe somit im Bezug auf den Hymen eine große Verwirrung. Wenn man unter dem Hymen aber mit Pinaeus vier durch Membranen verbundene Carunkeln versteht, welche aussehen wie Myrtenblätter, so ist die Sache klarer. Dieses Gebilde läßt auch Schlüsse über die Virginität zu. Und zwar ist auf Farbe, Größe und Zusammenhalt der Carunkeln zu achten, denn diese sind bei Jungfrauen fetter, röter und durch vier Membranen verbunden. Diese Zeichen, wenn sie alle vorhanden sind, lassen nun allerdings doch einen gewissen Wahrscheinlichkeitsschluß auf bestehende Virginität zu.
Unter dem großen Einfluß Zacchias haben sich die Caruncula dann in der Gerichtsmedizin sehr lange gehalten. Gaspare a Rejes (geb. um 1600) nennt es mehr als sicher, daß es keinen Hymen gebe, während er die Existenz eines blumenähnlichen Caruncel-Gebildes konzediert, und noch in Albertis und in Teichmeyers gerichtsmedizinischen Lehrbüchern aus den 1720er Jahren stehen die Carunculae als Virginitätszeichen. Aber sie stehen da bereits neben dem Hymen.
Die Hebammen haben von der allmählichen Rehabilitation der Jungfernhaut nichts gehabt. Ihre Geschichte hat sich von der des Hymens getrennt, als dessen Wiederaufstieg begann. Nicht durch die Autorität der Hebammen, sondern durch diejenige der Anatomen ist der Hymen wieder in Kurs gekommen; von den Anatomen, nicht von den Hebammen haben ihn die Gerichtsmediziner übernommen. So konnte dies auch keinen Einfluß haben auf die Beziehung der Ärzte zu den unterdessen recht heruntergekommenen Hebammen, die im 18. Jahrhundert dann reif wurden, ihr Wissen in ärztlich geleiteten Hebammenschulen zu beziehen. Die Rehabilitation des Hymens bedeutete auch darum noch lange keine Rehabilitation der Hebammen, weil die Gerichtsmediziner die Aussagekraft des Hymens in bezug auf die Virginität vielfach viel weniger anzuerkennen geneigt waren als seine Existenz. Das war zum Teil wohl durch die Tradition, zum Teil aber gewiß auch durch die realen Schwierigkeiten der Virginitätsbeurteilung bedingt.

IV. Die Anerkennung des Hymens

Es ist immer Willkür bei Periodisierungen und der Bezeichnung von Autoren als Vorläufer, Väter oder Nachzügler. In gewissem Sinne leitet Sebitz jene dritte Phase, in welcher die Jungfernhaut »Hymen« genannt und als Virginitätszeichen anerkannt wird, schon 1630 ein – aber man hat sich seinerzeit nicht auf seine Lösung des Problems geeinigt. Eine solche Einigung kam vor allem im 18. Jahrhundert, und zwar wahrscheinlich unter dem Einfluß des Giovanni Battista Morgagni zustande. Der junge Morgagni hat am Anfange jenes Jahrhunderts (1706) bereits verkündet, der Hymen könne bei Jungfrauen regelmäßig gefunden werden – schon Vesal habe ihn beschrieben – und wer die myrtenförmigen Karunkeln als Hymen ansehe, habe entweder keine Jungfrauen seziert oder nicht genau beobachtet, denn die Caruncuiae seien nur die Überreste des Hymens und nur bei Entjungferten zu sehen. In dieser Sache sei dem gelehrten Riolan und Munnickius (Johannes Munnicks, 1652–1701) zuzustimmen.

Tatsächlich findet man in Munnicks »Anatomia nova« (Neue Anatomie, 1699) die Bemerkung, die drei carunculae myrtiformes – die Zahl der Carunkeln variiert im Laufe der Geschichte – seien nichts als die Überreste des infolge des Beischlafs zerrissenen Hymens. Morgagni hat diese Ansicht später wiederholt und noch weitere Belegstellen dafür beigebracht. Und diese Lösung hat sich dann, wohl auch im Zusammenhang mit Morgagnis wachsender Autorität, im Laufe des Jahrhunderts durchgesetzt.

Teichmeyer kannte Morgagnis Ansicht bereits; sein prominenter Schwiegersohn Albrecht von Haller aber, der aufgrund von Teichmeyers Lehrbuch gerichtsmedizinische Vorlesungen hielt, hat sie offenbar zur seinen gemacht. Die myrtenförmigen Drüsen, heißt es in der Übersetzung einer Niederschrift seiner Vorlesungen, »hätte [. . .] der Autor aus der Zal der Zeichen ausstreichen sollen, [. . .] diß von Pinaeus zuerst gelehrte, und durch ihn nach der Hand in so manches Buch eingeschlichne falsche Zeichen, ist weiter nichts, als ein desto deutlicheres Merkmal einer verabschiedeten Keuschheit«.

Haller zweifelt weder an der Existenz des Hymens noch an seiner Tauglichkeit als Virginitätszeichen. Die Erfahrung widerspreche den Gegnern des Hymens, soll er gesagt haben, »und ich selbst bewahre ein Hymen von einer Jungfer von 45 Jahren«. Und: Man könne »sicher im allgemeinen die Gegenwart des Hymens als ein Zeichen der Jungferschaft gelten lassen«.

Diese Ansicht hat sich im weiteren Verlauf des Jahrhunderts dann durchgesetzt, und gegen Ende des Jahrhunderts findet man in Joseph Jakob Plenks (1738–1807) durchaus unoriginellem Kompendium der gerichtlichen Medizin (1782) den Zustand des Jungfernhäutchens ganz einfach als das Hauptkennzeichen der unverletzten beziehungsweise verletzten Jungfrauschaft deklariert.

Damit konnte sich nun aber doch – und sei es nur des historischen Interesses wegen – die Frage erheben, ob denn die medizinische Wissenschaft auf die Virginitätsdiagnostik der alten Hebammen gekommen sei und ob die Hebammen rückwirkend rehabilitiert werden müßten? Es ist wohl kein barer Zufall, daß sich gerade Morgagni der Beantwortung dieser Frage angenommen hat. 1763 hat er – in seinem und seiner Kollegen Namen, wie es heißt – ein Gutachten verfaßt über die Frage, ob die Beurteilung der Virginität den Hebammen zu überlassen sei. Und hier wird nun nochmals über »Hebammen und Hymen« gesprochen.

Die Zeichen der Jungfernschaft sind unsicher, beginnt der Autor, das bezeugten die Doktoren von jeher. Wenn aber die Doktoren in dieser Sache unsicher sind, wieviel weniger werden die Hebammen, die über keine Doktrin und keine Anatomie verfügen, da zuständig sein? Immerhin gibt es zwei Zeichen, die auf Virginität hinweisen können: die Enge beim Scheideneingang und die Membran, die Hymen genannt wird. Die Enge kann sich spontan oder durch Krankheit wieder herstellen oder durch die Bosheit der Frauen simuliert werden – nach Michael Alberti können Frauen ihre Vagina auch durch einen speziellen Muskel so zusammenziehen, daß eine jungfräuliche Enge entsteht.

Der Hymen kann als Virginitätszeichen ebenfalls täuschen. Doch zuerst muß gesagt werden, was überhaupt ein Hymen ist und was nicht. Denn es ist nicht mit den Hebammen zu irren und als Hymen zu betrachten, was Paré als widernatürliche Verschließung nachgewiesen hat, weshalb auch viele andere Autoren dieses Gebilde als widernatürlich und sehr selten beschrieben haben. Eigentlich hätten die Hebammen, die sich mit ihrer Erfahrung in Jungfernschaftssachen so sehr brüsten, diesen Irrtum am ersten fallenlassen sollen –, doch sie haben im Gegenteil, wie wiederum Paré bezeugt, versichert, sie könnten anhand dieser Membran mit Gewißheit eine Jungfrau von einer Angetasteten unterscheiden. Wenn aber die Pariser Hebammen, die doch als einigermaßen fachkundig gelten, in diesen Irrtum fallen, wieviel mehr ist von unseren Hebammen zu befürchten. Wie ja auch Schurig (Martin Schurig, 1656–1733, ein berühmter Viel- und Abschreiber auf den Gebieten der Frauen- und Sexualkunde, der Entwicklungsgeschichte usw.) schreibe, früher seien die Hebammen gelehrte und fachkundige Frauenärztinnen gewesen, während sie heute nur noch zum Nabelabschneiden und zum Auffangen des Neugeborenen taugten. Deshalb auch übertrüge ihnen der Magistrat nie mehr die Besichtigung und Begutachtung von Frauen, die Hebamme werde lediglich noch als Helferin des Arztes gebraucht.
Wenn wir die Berichte unserer Hebammen lesen, fährt Morgagni fort, ist es verwunderlich, was da an monströsen und wunderbaren Dingen steht über ein Jungfernhäutchen, über die Kohärenz der Teile und was sie sonst alles gefunden haben wollen. Und wenn man sie dann fragt, was sie meinten, wissen sie entweder nichts oder etwas ganz Falsches zu antworten. Denn sie kennen die Literatur nicht. Sie kennen Pineaus Werk nicht, und wenn sie's sähen, würden sie's nicht verstehen, denn auch er irrt insofern, als er die Überreste des Hymens, die Carunculae, als Virginitätszeichen betrachtet.
Abgesehen von diesen fälschlicherweise als Hymen bezeichneten seltenen Mißbildungen – gibt es nicht vielleicht doch ein Gebilde, das zu recht als Hymen bezeichnet wird? Gewiß, nämlich

immer an demselben Ort, im Eingang der Vagina, findet man eine Verdoppelung der Scheidenwand, die etwas ringförmig so gelegen ist, daß eine Öffnung freibleibt. Die besten Anatomen haben dieses Gebilde beschrieben – es folgt auch hier reichliches Autoritätenmaterial. Wieso aber haben so viele andere hochgelehrte Männer den Hymen nicht gefunden?

Hierfür hat Morgagni zwei Antworten. Erstens sieht der Hymen nicht bei allen Jungfrauen gleich aus. Zweitens aber suchten diese Autoren ein verschließendes Gewebe statt eines ringförmigen, und diese Erwartung (»animi dispositio«) war ihrer Forschung ein schweres Hindernis. Nirgends zeigt sich das klarer als bei Regnerus de Graaf, der den Hymen korrekt abgebildet hat und dennoch schreibt, er habe außer einer Verengung des Scheideneingangs keinen Schutz der Virginität gefunden. Wenn aber so geübte Anatomen den schon vor ihnen beschriebenen Hymen sehen können, ohne ihn infolge einer vorgefaßten Meinung als Hymen anzuerkennen, wie sollen dann die Hebammen, die nie eine solche Beschreibung gelesen haben, ihn erkennen? Deshalb urteilen wir, schreibt der Autor, es sei den Hebammen kein Vertrauen zu schenken. Und nach einem Exkurs über die Täuschungsmöglichkeiten bei der Beurteilung des Hymens – er kann sehr wohl intakt einen Beischlaf überstehen und die Beurteilung ist sehr schwierig – nochmals: Wir Ärzte meinen einstimmig, es sei das Urteil der Hebammen über die Virginität der Frau unsicher.

1977

Herr und Weib
Zur Geschichte der Beziehung zwischen ordnendem Geist und anderen Impulsen

Im 19. und früheren 20. Jahrhundert grassierte eine Krankheit, wie sie vor- und nachher nie grassiert hat: die Krankheit »weibliches Geschlecht«; dies in Europa so heftig wie in Amerika, wo Mary Putnam Jacobi (1842–1906) 1876/86 in ihrem Buch über die Menstruation schrieb: »The sex itself seems to be regarded as a pathological fact.« Gerade etwa in den Menstruationslehren dieser Zeit wird der Krankheitscharakter des normalen Frau-Seins offensichtlich (vgl. S. 58–66). Aber auch in der tendenziellen Pathologisierung der Schwangerschaft, der Geburt, des Wochenbetts im 19. Jahrhundert läßt sich die Pathologisierung der normalen Frau erkennen, ebenso in der allgemeinen Tendenz, die Frau insgesamt in ihrer anerkannten körperlichen und geistigen Schwäche als ein Mängelwesen dem vollkommeneren Mann gegenüberzustellen. Es wird dabei in der Literatur – und wir bewegen uns hier auf der Ebene der Literatur – kaum je explizit von der »Krankheit« Frau (oder »Krankheit« weibliches Geschlecht) gesprochen. Denn diese Krankheit ist ganz wesentlich naturgewollt und normal. Die Frau muß notwendig an ihrem Geschlecht leiden, menstruieren, schwanger werden, gebären, kindartig, unintellektuell, emotionell sein, sonst wäre sie keine Frau mehr und würde ihrer natürlichen Bestimmung als Gattin und Mutter nicht genügen können. So hat schon Aristoteles zugestanden, daß die Kreatur Frau gerade in ihrer Unvollkommenheit nötig sei für die Erhaltung der Menschheit (vgl. S. 36–38); so schreibt der Neurologe Paul Julius Möbius (1853–1907) um 1900 über den »physiologischen« (d. h. normalerweise vorliegenden) Schwachsinn des Weibes.

Krank ist die Frau also nur im Vergleich mit dem Manne; in ihrer

Beziehung zum Mann aber, als ein Teil von ihm, als Gattin und Mutter seiner Kinder, ist sie gesund. Entsprechend kommt eine Genesung von der Krankheit »weibliches Geschlecht« für sie nicht in Frage – oder nur unter Verlust dessen, was sie ausmacht (eine starke und intelligente Frau ist keine normale oder sogar überhaupt keine Frau mehr).

Angesichts der Tatsache, daß es wesentlich Männer gewesen sind, die dieses Bild von der Frau entworfen haben, könnte man auch sagen: Der Mann verlangt von der Frau, was er an sich selbst als krankhaft abzulehnen tendiert.

Das weibliche Geschlecht also als das kranke Geschlecht – wobei »Geschlecht« zugleich die Gruppe bezeichnet und die Geschlechtlichkeit, welche diese Gruppe ausmacht. Vielfach wird die Frau ja einfach das »Geschlecht« genannt, das schwache, das zarte »Geschlecht«, »the sex«, »le sexe« auf französisch. Tatsächlich ist sie für den Mann, insofern sie nicht Mensch ist wie er selbst, wesentlich durch ihr Geschlecht von ihm verschieden – das »andere«, das »zweite Geschlecht«. Und wenn er ihr nun so zwiespältig gegenübersteht und von ihr einfordert, was er an sich selbst ablehnt: könnte sich im Bild von der Krankheit am Geschlecht nicht auch das nicht eingestandene Leiden der Autoren und ihrer Zeit an eigenem Geschlecht, Geschlechtlichkeit, Emotionalität, Körperlichkeit überhaupt spiegeln?

Es stellt sich also die Frage nach sexuellen Determinanten, sexualgeschichtlichen Hintergründen des wissenschaftlichen Konzeptes von der Krankheit »weibliches Geschlecht«. Daß es außer diesen Hintergründen andere gibt – wirtschaftliche, politische, militärische, religiöse und so weiter –, welche alle untereinander in Beziehung stehen, ist selbstverständlich. Aber hier soll nach den sexuellen gefragt werden, wobei »Sexualität« nicht lediglich für den gewissermaßen isolierten »Trieb« steht, sondern auch für die zugehörige Emotionalität und Leiblichkeit.

Über sexuelle Determinanten von historischen Erscheinungen und Entwicklungen – auch wissenschaftlichen – ist bisher wenig bekannt. Die Sozialgeschichte interessiert sich zwar für die nicht-ereignishaften, im Alltag ständig wirksamen Faktoren und müßte deshalb der Sexualität größte Aufmerksamkeit schenken; trotzdem hat sie bisher mehr andere Determinanten historischer Entwicklungen, vor allem die ökonomischen, herausgearbeitet. Dies teils in Fortsetzung ihrer historisch-materialistischen Tradition, teils in Einlösung ihres Anspruchs, auch historische Aussagen auf meßbare, objektive, jederzeit und persönlichkeitsunabhängig nachprüfbare Daten zu gründen.

Tatsächlich sind ökonomische Daten relativ leicht faßbar und quantifizierbar. An die Sexualität früherer Zeiten und ihre Geschichtswirksamkeit indessen ist so kaum heranzukommen – als ob der objektivierende Blick da immer wieder abglitte. Nicht nur, daß die Quellen selten und ungenau von Sexuellem sprechen: noch entscheidender ist, daß selbst da, wo über Sexualität gesprochen wird, diese gewöhnlich vom übrigen Lebenszusammenhang isoliert wird – als ob da keine Zusammenhänge bestünden, als ob außer Künstlern nie jemand in Wechselwirkung mit seinem Sexualleben Karriere oder ein wissenschaftliches Konzept gemacht oder eben nicht gemacht hätte.

Dies entspricht der allgemeinen Tendenz unserer westlich-neuzeitlichen Kultur, sexuelle Dinge vom übrigen Kulturzusammenhang abzuspalten. Im Bereich der Geschichtsschreibung hat sich lange etwas Ähnliches abgespielt: lange ist die Geschichte der Sexualität neben der gewissermaßen konventionellen Geschichte hergelaufen, als ob beides miteinander kaum etwas zu tun hätte. Und die Abspaltung war diskriminierend: die »Bett-Geschichten« fürstlicher Häupter lieferten Stoff für historische Romane, die gehobenen Historiker interessierten sich für sie nur begrenzt. Am ehesten noch wurde in der Geschichte der Kunst eine Geschichtswirksamkeit der Sexualität anerkannt – wie eben dem künstlerischen Schaffen Spontaneität, Emotionalität und Körperlichkeit konstitutiv zugestanden wird.

In jüngerer Zeit wird die Geschichte der Sexualität nun zwar von vielen Historikern seriös bearbeitet und auch in ihren Zusammenhang mit der Geschichte anderer Lebensbereiche gestellt. Noch immer aber weiß man bedeutend mehr über den Einfluß aller möglicher historischer Faktoren auf die Sexualität als über den Einfluß der Sexualität auf historische Entwicklungen. Und noch immer wird die Geschichte der Sexualität, der Frau, der Familie tendenziell kleingeschrieben und an den Rand gerückt, und sei es nur dadurch, daß sie als Spezialgebiet deklariert oder Frauen überlassen wird.

In unserem Falle, bei unserem Suchen nach den Wurzeln des Konzeptes von der »Krankheit Frau« im Bereich des Sexuellen kommen weitere Schwierigkeiten hinzu. Denn in gewissem Sinne dient ja das Reden über die Schwäche und Minderwertigkeit der Frau gerade der Verdeckung und Verleugnung solcher Wurzeln. Die Erhellung der Leiden weiblicher Existenz scheint die Ausblendung jeglicher Problematik der männlichen Sexualität geradezu zu bezwecken. Alle Leiden an der eigenen Geschlechtlichkeit sind mit der Projektion auf die Frau gewissermaßen ins Objektive abgeschoben. Man könnte wohl sagen, daß es eine »Krankheit weibliches Geschlecht« gar nicht gäbe, wenn ihre Entdecker sich über die Verwurzelung dieses Leidens in ihrer eigenen Beziehung zu Frauen und eigener Sexualität klar gewesen wären.

Wir können daher, wenn wir eine solche Verwurzelung aufzeigen wollen, kaum auf direkte Belege hoffen, auf erotische Autobiographien all derer etwa, welche die Pathologisierung der Frau im 19. Jahrhundert festgeschrieben haben, oder auf direkte Hinweise in den vorhandenen Quellen – nicht in beweiskräftiger Quantität jedenfalls. Vielmehr müssen wir, wenn wir an unserem Vorhaben festhalten wollen, indirekt von den vorliegenden Konzepten auf sexuelle Hintergründe schließen in der Annahme, daß da eine wechselseitige Beziehung bestehe, in der Annahme, daß man auf Grund eigenen Erlebens bis zu einem gewissen Grade vom einen auf das andere schließen kann, und in der Überzeugung, daß persönliches Erfahren von Quellen legitime und gelegentlich sogar einzige Basis von geschichtlichen Rekonstruktionen sein kann. Und ausdrücklich sei festgehalten, daß es sich dabei nicht um Subjektivismus oder Relativismus handelt, sondern um eine Erweiterung des historiographischen Gesichtsfeldes auf die Situation des Historikers selbst, die damit zum

zulässigen, oft sogar unabdingbaren Forschungsinstrument – auch Forschungsmotiv und -gegenstand – wird.
Die Frau samt dem Leiden an ihrem Geschlecht wird also im Folgenden als eine sozusagen veräußerlichte Form des sexuellen Prinzips und des entsprechenden Leidens im Manne und medizinischen Autor selbst zu untersuchen sein: die Beziehung zwischen den Geschlechtern als eine soziale Realisierung der Beziehung, wie sie das 19. Jahrhundert erlebte zwischen organisierendem Geist, Intelligenz, Wille etc. einerseits, Sexualität, Körperlichkeit, Gefühlswelt, Spontaneität andererseits.

In diesem Sinne möchte ich zuerst einiges über die Stellung des »Geistigen« in seiner Verbindung mit dem Männlichen im 19. Jahrhundert sagen, vor allem auf die sexualgeschichtliche Dimension dieses »Geistigen« hinweisen.
Tatsächlich scheint es, als hätte der Geist im 19. Jahrhundert soziale Funktionen, die ursprünglich der Sexualität oblegen haben. »Potenz« im Sinne von »Macht«, »Leistungsfähigkeit«, ursprünglich sehr weitgehend an sexuelle Potenz gebunden, scheint sich im Laufe der späteren Neuzeit zunehmend an geistig-intellektuelle Leistung zu binden. Über Jahrhunderte, sogar wohl Jahrtausende, ist menschliche Verfügungsgewalt und Freiheit unter anderem an Zeugungskraft, materialisiert in Samen, gebunden gewesen. Damit war der Mann zum vornherein privilegiert, da die Frau als samenlos oder doch samenarm und gewissermaßen impotent galt. Kraft seiner Zeugungsfähigkeit schaffte sich der Mann seine Familie, die erste, entscheidende Erweiterung seines Verfügungsbereiches; bis heute tragen vielerorts Gattin und Kinder seinen Namen. Die Kinder garantieren, falls sie Knaben sind, dem Manne auch die mindestens virtuelle Verfügung über die Zukunft, die Unsterblichkeit.
So zeugt der Mann in antik-aristotelischer Tradition, die bis weit in die Neuzeit hinein wirksam geblieben ist, im Idealfall Knaben, die ihm selbst bis zur Identität ähnlich sind (vgl. S. 21 u. 36). Noch in der Gerichtsmedizin des 16. und frühen 17. Jahrhunderts wird die Heiratsfähigkeit des Mannes an seiner sexuellen Potenz

gemessen; praktisch einziger – medizinischer – Scheidungsgrund für eine Frau ist entsprechend die Impotenz des Mannes. Heiraten hieß auch »eine Frau heimführen«. Manche heiraten nur, schreibt der Gerichtsmediziner Fortunatus Fidelis 1602, um Kinder – pueri – zu bekommen, die dann ihren (d. h. der Väter) Ruhm und Namen in die Zukunft forttragen (pueri sind damit wiederum im Idealfalle Knaben). Dabei bedeutete Familiengründung damals sozial sehr viel mehr als später. In Zeiten der agrarischen Produktionsweise war sie wichtigste Basis der sozialen Integration, Überlebensgemeinschaft und Element der Gesellschaft. Auch in unmittelbarerer Weise war die soziale Reife eines Mannes an seine sexuelle Potenz gebunden: nicht zufällig deutet das Wort »testieren« auf die »testes«, »zeugen« auf das generative »zeugen«; es müßte hier die Rechtsgeschichte weiter befragt werden.

Dieses Muster tritt im 17. und 18. Jahrhundert allmählich gegenüber einem neuen Muster zurück, im Rahmen dessen vor allem der Geist dazu dient, seinem Inhaber die Welt zu erschließen. Im 19. Jahrhundert wird sexuelle Potenz noch verlangt werden können, wenn es um die Gründung einer Familie geht; die Übernahme höherer sozialer Funktionen aber ist nicht mehr an sexuelle Potenz gebunden. Und die Familie ist in weit geringerem Maße Basis übergeordneter sozialer Kompetenzen. Im Laufe des 17. und 18. Jahrhunderts steigt innerhalb des Organismus vielmehr das Nervensystem allmählich zum übergeordneten und dominanten, organisierenden System auf. Im 19. Jahrhundert etabliert sich schließlich fest das Gehirn als höchstes der Organe innerhalb des Körpers.

Nun ist es das Funktionieren dieses Körperteils, das die gesellschaftliche Position eines Menschen begründet oder doch rationalisiert: organisierende Vernunft, Wille, Intelligenz, Geist, geistige Schöpferkraft, geistige Überlegenheit im Kampf ums Dasein. Die Vernunft, schreibt Johann Christian Heinroth (1773–1843) 1825 in seinem »System der psychisch-gerichtlichen Medicin«, mache das Wesen des Menschen aus, aus seiner Vernunft seien Wissenschaft, Kunst, die Entstehung der Staaten abzuleiten, die Vernunft sei daher Voraussetzung aller Rechts- und Pflichtfähigkeit. Wie der Staat andererseits eine geist- und vernunftdurchwirkte höhere Einheit ist, »so folgt, daß [. . .] die Gesammtkraft des Staats der Intelligenz untergeordnet [. . .] seyn müsse«.

Dieser Aufstieg des Geistes gegenüber dem Samen, geistiger Potenz gegenüber sexueller Potenz, findet etwa in demselben Zeitraum statt, in welchem der weibliche Zeugungsbeitrag, das weibliche Ei, definitiv beschrieben und anerkannt wird (17. bis frühes 19. Jahrhundert; vgl. S. 137 f.) – als ob die Anerkennung eines dem männlichen ebenbürtigen Zeugungsbeitrags erst möglich geworden wäre mit der Entwertung der sozialen Bedeutung dieses Beitrags, als ob andererseits diese Anerkennung eine Verschiebung der sozial bedeutsamen Geschlechtsunterschiede auf das Gebiet des Geistes bedingt hätte. Denn die Verschiebung der sozial relevanten Potenz vom Sexuellen auf Geistiges bringt keineswegs eine soziale Gleichberechtigung der Frau mit dem Manne mit sich – wiewohl gerade das 18. Jahrhundert, die Zeit des Überganges, dergleichen folgerichtigerweise erwogen hat. Gerade das 19. Jahrhundert zeichnet sich aus durch sehr klare, fast überklare Vorstellungen von den geistigen Geschlechtsunterschieden und dem entscheidenden Mangel der Frau an geistiger Potenz.

Dabei scheint dem Diskurs über Geistiges sehr oft das sexuelle Modell zugrunde zu liegen. War der Mann bis dahin kraft seines »schöpferischen Safts« (Albrecht von Haller) ein voller Mensch gewesen, so ist er es nun kraft seines schöpferischen Geistes. Am Anfang unseres Jahrhunderts wird der Trivialphilosoph Otto Weininger (1880–1903) schreiben, »daß Genialität an die Männlichkeit geknüpft ist, daß sie eine ideale, potenzierte Männlichkeit vorstellt«. Es ist, als ob dem Manne im 19. Jahrhundert der Samen buchstäblich in den Kopf gestiegen wäre. Geistige Aktivität, Fruchtbarkeit, Intelligenz, Unternehmergeist, Genie, Erfindertum, Entdeckertum charakterisieren nun den rechten Mann. Mit Ideen, Forschungsergebnissen, Erfindungen und Geld schwängert er seine Bezugsgruppe, wenn er sehr potent ist, die

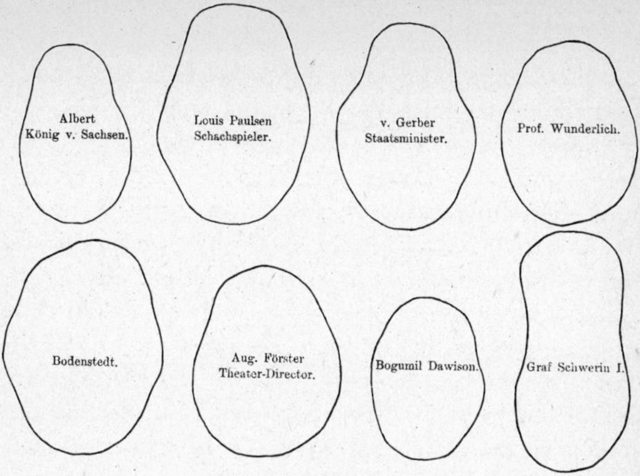

Weiberköpfe.

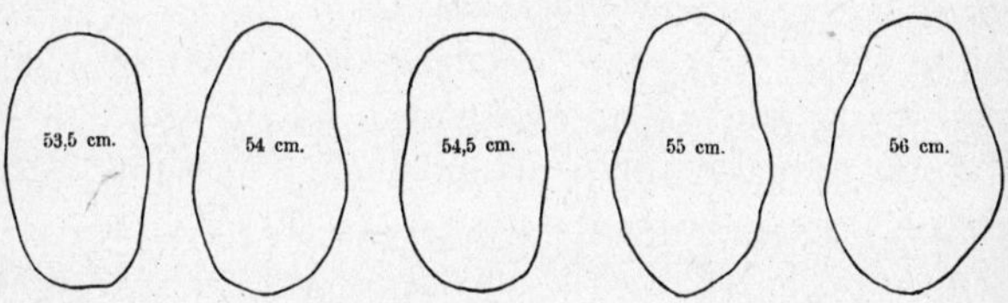

Den markanten, inhaltsreichen, vielfältig geformten Häuptern von Männern wie Großherzog Nicolaus Friedrich Peter, Generalarzt Roth oder Professor Kolbe stellt der Neurologe Paul Julius Möbius 1903 eine Stichprobe von Weiberköpfen gegenüber. »Man ist Mann oder man ist Weib, je nachdem ob man wer ist oder nicht«, schreibt sein Bewunderer, der Philosoph Otto Weininger, in demselben Jahre 1903. Bei Heinroth ist dies schon 1825 angelegt: »Nur wiefern das menschliche Selbst ein Repräsentant der Vernunft ist, [...] Kraft welcher er Intelligenz ist, ist der Mensch Person. Intelligenz und Persönlichkeit ist Eines und Dasselbe. Wiefern sich aber das menschliche Selbst von der Vernunft lossagt oder ihrer in minderem Umfange teilhaftig ist, wäre hier wohl anzufügen, ist er nicht [...] persönliches, sondern blos selbstisches Wesen. Wie die Persönlichkeit unser höchstes Gut ist [...], so ist die Selbstigkeit unser größtes Übel.«

ganze Welt; das Aufbauen seiner Familie geht nebenher. Hilfskräfte und Schüler sind seine eigentlichen Söhne. Nie hat man so selbstverständlich von »Vätern« von Entwicklungen, Betrieben, Schulen, Erfindungen, Gesetzen etc. gesprochen wie in dieser Zeit. Im Kampf ums Dasein setzt er seine Potenz auch gegen andere – Rivalen – ein.

Fließend geht seine schöpferische Potenz in zerstörerische über: militärische Erektionen und Ejakulationen bezeichnen einen Höhepunkt seiner Männlichkeit. Denn der Krieg ist der »Vater« allen Fortschritts. »Kriegstüchtig sei der Mann und gebärtüchtig das Weib«, heißt es in dem sehr verbreiteten Lehrbuch der Gynäkologie von Max Runge.

Auch die Frau begehrt den Mann anscheinend in seiner Geistigkeit. »Das Weib wird in der Wahl des Lebensgefährten viel mehr durch geistige als durch körperliche Vorzüge bestimmt«, schreibt Krafft-Ebing in seiner »Psychopathia sexualis« (1886). »Deshalb sehnt sich auch normaler Weise das junge Mädchen nach einem [...] unternehmenden, geistig ihr überlegenen Manne«, folgert der sehr namhafte Psychiater August Forel (1848–1931) in seinem in zahllosen Auflagen erschienenen und in viele Sprachen übersetzten Buch »Die sexuelle Frage«. Die Libido der Frauen werde durch geistige Überlegenheit mehr erregt als durch Schönheit. Und Otto Weininger fügt hinzu, es könne junge Mädchen »befremden, ja sexuell abstoßen [...], wenn der Mann [...], was sie sagen, [...] nicht gleich besser sagt als sie«, weil die Frau »es eben als Kriterium der Männlichkeit fühlt, daß der Mann ihr auch geistig überlegen sei«. Für Weininger ist Geistigkeit ein männliches Geschlechtsmerkmal. Auch für die geschlechtliche Zuchtwahl war im Falle des Menschenmannes die Intelligenz entscheidender als die rohe Physis. Cesare Lombroso (1836–1909) und sein Schwiegersohn Guglielmo Ferrero leiten in ihrem gemeinsamen Werk über »das Weib als Verbrecherin und Prostituirte« (italienisches Original 1893) die höhere Intelligenz des Mannes daraus ab, daß der Mann seine Rivalen eben wesentlich durch geistige Mittel aus dem Felde schlage.

Das Stereotyp von der weiblichen Un-Intelligenz, Rezeptivität, Passivität und Emotionalität trägt entsprechend ebenfalls deutlich sexuelle Züge. Möbius spricht von der »geistigen Sterilität des Weibes« – der »physiologische Schwachsinn des Weibes« also als Neuauflage der aristotelischen weiblichen Zeugungsunfähigkeit.

In eigentümlicher Weise wird die sexuelle Dimension der weiblichen Geistlosigkeit und Passivität in der Lehre des 19. Jahrhunderts von der Hypnose und Suggestion deutlich. Die notorische Suggestibilität der Frau erscheint hier als Nachfolgerin ihrer alten generativen Rezeptivität. »Ihr Maximum scheint die weibliche Intelligenz [...] in der [...] Assimilation der Ideen Anderer zu erreichen [...], die Frau eignet sich mehr zur Verbreiterin als zur Schöpferin neuer Ideen«, schreiben Lombroso/Ferrero.

Kein Wunder, daß der Begriff der Suggestibilität im 19. und frühen 20. Jahrhundert ein Kernstück der Hysterielehre wird und damit ein Herd der »Krankheit weibliches Geschlecht«. »Die Veränderbarkeit durch fremde Vorstellungen wird auch als Suggestibilität bezeichnet. Eine sorgfältigere Analyse ergibt, daß namentlich gefühlsbetonte Vorstellungen oder Erinnerungsbilder bei der Hysterie eine abnorm gesteigerte Wirksamkeit haben«, schreibt Theodor Ziehen (1862–1950) 1909. Carl Ludwig Schleich (1859–1922) nennt die Hysterie eine »Schöpfung aus Idee«, eine »Perversion der Phantasietätigkeit«, »Phantasiasis«, sämtliche Erscheinungen der Hysterie erklären sich für ihn aus »der Macht des Gedankens, Körperliches zu schaffen« – zu zeugen, hätte er auch schreiben können (»Gedankenmacht und Hysterie«, 1920).

Die Beziehung zwischen Hypnoselehre und Sexualität durchzieht das 19. Jahrhundert: die Hypnose wurde häufig und typischerweise von Männern an Frauen ausgeübt. Manche Kritiker wiesen im Laufe des 19. Jahrhunderts warnend auf die entsprechenden Gefahren und Mißbräuche hin. Gegen Ende des Jahrhunderts hingegen assoziierte sich die Lehre von der Hypnose offiziell mit derjenigen von der Hysterie und wurde damit

zu einem wichtigen Kanal, durch den die Sexualität aus ihrem 19.-Jahrhundert-Schattendasein schließlich wieder in das gesellschaftliche Bewußtsein einfließen sollte. »Wie soll der Mann das Weib behandeln?« fragt Weininger. »Wenn er es zu behandeln hat, wie es behandelt werden will, dann muß er es koitieren, denn es will koitiert werden, schlagen, denn es will geschlagen werden, hypnotisieren, denn es will hypnotisiert werden.«

So steht im 19. Jahrhundert Geistiges vielfach für Sexuelles. Möbius geht 1900 so weit, die eigentliche Verschiedenheit der Geschlechter überhaupt in den geistigen Fähigkeiten zu suchen. »M [Mann] lebt bewußt, W [Weib] lebt unbewußt«, schreibt sein Bewunderer Weininger. »W empfängt ihr Bewußtsein von M: Die Funktion, das Unbewußte bewußt zu machen, ist die sexuelle Funktion des typischen Mannes gegenüber dem typischen Weibe.« »Sie schämt sich nicht, rezeptiv zu sein: im Gegenteil, sie fühlt sich nur glücklich, wenn sie es sein kann, verlangt vom Manne, daß er sie, auch geistig, zu rezipieren zwinge« – bis zu dem Punkte, wo sie überhaupt nur noch ein Geschöpf seiner Geistigkeit ist, eine Kreatur seiner krankmachenden Konzepte gewissermaßen, ein Symptom seiner Hysterie.

»Auch die [. . .] überaus seltenen Dichterinnen [. . .] wuchern mit den Münzen, die Männer geprägt haben«, stellt Möbius fest, womit er nebenbei noch auf die geistige und sexuelle Dimension der Ökonomie, die Samenartigkeit des Geldes hinweist. Man könnte vielleicht kühn sagen, der Wandel der männlichen Potenz vom Sexuellen zum Geistigen entspreche dem Übergang von der agrarischen Produktionsweise zur industriellen. Denn nicht länger besteht die wesentliche Aktivität darin, die Überlebensmittel fortzupflanzen; vielmehr treten jetzt vermitteltere, organisatorische Tätigkeiten in den Vordergrund – für den Mann. Die Frau bleibt demgegenüber dem Bäuerisch-Reproduktiven verhaftet; dies macht auch die Enge ihrer Geistigkeit aus.

← Hypnose, Postkarte

Die Phantasie des Mannes, schreibt Schleich 1920, beinhalte vornehmlich seine Stellung in Staat und Öffentlichkeit, Heldenhaftigkeit, Eis und Pole, Grenze der Atmosphäre, Trieb nach vorwärts in Kunst und Wissenschaft, Fortentwicklung, Unsterblichkeit seines Namens, Führerschaft, Sehnsucht, Höhe »und die Gemeinschaft der Männerphantasie hat ja der Erde beinahe eine elektrische Hirnorganisation durch Apparate und Bewegungsträger aufgezwungen durch Schaffung von städtischen Gehirnzentralen und eines telegraphischen Netzes von Signalen, welche in jedem Stücke ein Riesenabbild der Nervenorganisation unseres eigenen Gehirntastapparates ist. Im Gegensatz hierzu geht die Phantasie der Frau von Natur auf Erhaltung ihrer hohen Begehrbarkeit, im letzten Sinne auf die Möglichkeit der Mutterschaft aus«.
Das 19. Jahrhundert also als die Zeit einer »Sexualisierung des Geistes«: wie sollte es erstaunen, daß der wissenschaftliche Ausfluß dieses Geistes dahin lautet, daß die Frau ärztlich-medizinischer Zuwendung und Hilfe unbedingt bedürfe?

Wie erlebt nun dieser Geist die eigentliche, nicht-geistige, sozusagen niedrige, unverfeinerte Sexualität? Wie steht der Mann, der sich mit dieser Geistigkeit identifiziert, der Frau als der Verkörperung der Sexualität gegenüber?
Offensichtlich muß die Sexualität wo immer möglich dem Geiste untergeordnet, offensichtlich muß die Frau als deren Projektionsfeld vom Manne kontrolliert und be»herr«scht und in ihrer Rebellionstendenz behandelt werden. Passivität ist ihre erste Pflicht, wiewohl sie ihre Mangelhaftigkeit ausmacht. »La femme sent plus qu'elle ne pense, [. . .] l'homme pense plus qu'il ne sent; [. . .] De ce fait découle presque entièrement toutes les conséquences relatives au caractère de l'homme et de la femme; [. . .] empire de l'un, [. . .] soumission de l'autre«, schreibt Etienne-Jean Georget (1795–1828) schon 1821 (»De la physiologie du système nerveux«). Die Frau bezieht ihre Daseinsberechtigung aus ihrer Rolle als Helferin des Mannes und Produktionsmittel zur Herstellung der Familie – Zelle des Staatskörpers. Als

Gattin, Tochter, Angestellte oder Muse unterstützt sie den Mann bei seinen höheren Funktionen. »Wie nützlich das Weib auch sein kann«, schreibt Lombroso im Vorwort zu seinem Buch, »das habe ich bei der Vorbereitung dieses Buches durch die Mitarbeiterschaft einer Reihe ausgezeichneter Frauen erfahren. [...] Und am meisten beweist Du es mir, meine geliebte Gina [Lombrosos Tochter und seines Mitarbeiters Ferrero Gattin] – das letzte und einzige Band, das mich an das Leben fesselt, die kräftigste und fruchtbarste Mitarbeiterin und Beseelerin aller meiner Arbeit.«

Namentlich als Mutter ist die in der Frau verkörperte Sexualität in den Dienst der Fortpflanzung, der Familie und letztlich des (nach Heinroth geist- und intelligenzbestimmten) Staates gestellt, dem Staate gewissermaßen einverleibt. Die Frau verkörpert für die höhere gesellschaftliche Einheit die Gebär-Mutter, so wie das Staatsoberhaupt den Kopf verkörpert, wie am individuellen Organismus andererseits die Gebärmutter oft einfach »Mutter« genannt wird. Die Mutterschaft ist letztes Ziel jeden Frauenlebens, »denn das Wesen des Weibes wird nur dann vollendet«, schreibt Adolph Henke 1814, »seine Bestimmung, sein Beruf nur dann erfüllt, wenn es Gattin und Mutter wird«.

Und die Frau setzt alles dran, Mutter zu werden. Nach Möbius ist die an sich schwachsinnige Frau in jungen Jahren sogar geist- und intelligenzfähig, nur um an den Mann zu kommen. »Der Geist der Jungfrau ist erregt, feurig, scharf. Dadurch wird einerseits ihre Kraft, anzuziehen, gesteigert, andererseits wird sie befähigt, bei der geschlechtlichen Auswahl activ zu sein, im Liebesspiele und Liebeskampfe dem Gegner ebenbürtig zu sein. Die ganze Bedeutung des weiblichen Lebens hängt davon ab, daß das Mädchen den rechten Mann erhalte; auf diesen Moment, als den Höhepunkt des Lebens, sind alle Kräfte gerichtet und alle Geistesfähigkeiten werden auf das eine Ziel concentrirt.« Denn »das Weib soll Mutter sein; um es aber zu werden, muß sie erst einen Mann haben, der die Sorge für sie und die Kinder auf sich nimmt«.

Entsprechend nimmt die weibliche Sexualität im Normalfalle die

Form des Kinderwunsches an. »Wenn der Anblick eines bestimmten Mannes in einem jungen Mädchen sehnsüchtige Sympathiegefühle erregt«, schreibt Auguste Forel in seiner »Sexuellen Frage«, »nehmen sie die Form der Begierde nach Kindererzeugung durch eben diesen Mann, nach ›sich demselben (oft sklavisch) hingeben‹, nach [. . .] einer Stütze für das Leben an. Es ist [. . .] eine Sehnsucht, nach Familiengründung und Mutterglück, nach [. . .] Befriedigung einer im ganzen Körper verallgemeinerten Sinnlichkeit, die sich [. . .] nicht besonders auf die Sexualorgane konzentriert oder nach Begattung verlangt.« Denn die eigentliche Liebe des Weibes ist die höhere, die Mutterliebe. »Vor der Mutterliebe«, schreibt Krafft-Ebing, »schwindet die Sinnlichkeit.«

Wenn man nun fragt, ob Sexualität hier in Mutterliebe verwandelt bzw. domestiziert werde oder einfach verschwunden sei, ob Liebe mit Sexualität überhaupt etwas zu tun habe oder nicht, so muß die Antwort paradox ausfallen: beides ist der Fall. Und das Bild von der Frau als verkörperte Sexualität im Dienste höherer Werte, welches ja das Anforderungsprofil an die gesunde, normale, akzeptierte Frau darstellt, enthält dieses Paradox auch. Denn letztlich schließen sich ein Leben für die Sexualität und ein Leben für Mann, Familie und Staat gegenseitig aus, auch wenn sich beide im Leben der Mutter, in der geistigen Liebe zwanglos vereinen zu lassen scheinen. Wenn man dies sieht, versteht man etwas von dem Druck, der die Frau des 19. und eines großen Teils des 20. Jahrhunderts in die Mutterschaft zwang, etwas von dem Zusammenhang zwischen paradoxen Anforderungen und sozialer Diskrimination und etwas von der Schwierigkeit dieser Zeit, mit Sexualität und mit Frauen umzugehen.

Tatsächlich war die Logik solcher Konzepte nur dank der Tatsache gewährleistet, daß die Begriffe »Liebe« und »Sexualität« ganz unklar und ihre Beziehung zueinander ungeklärt blieben – eine konfliktschwangere Tatsache allerdings. Und diese Konfliktschwangerschaft wurde nun elegant dem weiblichen Teil der Menschheit zugeschoben. Die Frau wurde bald so,

bald anders definiert, bald als diejenige, deren Liebe nur durch die Instinkte diktiert sei, diejenige, die nichts als Sexualität sei, und diejenige, zu deren Normalität es gehöre, daß sie kaum über Libido sexualis verfüge: »Es gibt außerordentlich normale und tüchtige Frauen, die zeitlebens sexuell ganz kalt bleiben«, schreibt Forel. Krafft-Ebing findet eine komplexere Formel: ist das Weib »geistig normal entwickelt und wohlerzogen, so ist sein sinnliches Verlangen ein geringes. Wäre dem nicht so, so müßte die ganze Welt ein Bordell und Ehe und Familie undenkbar sein«. Das einzige, was nicht in Frage stand, war, daß Frauen in jedem Falle in erster Linie von ihrer sexuellen Situation her verstanden werden müßten.
Dieser typischen Haltung gegenüber der Frau entspricht die Haltung gegenüber der männlichen Sexualität. Die Beziehung zwischen Liebe und Sexualität ist wiederum variabel. So oder so aber ist Sexualität ein untergeordneter, eingegrenzter und zu be-»herr«schender Bereich individuell-menschlichen beziehungsweise männlichen Daseins – genau wie das Element weibliches Geschlecht innerhalb von Gesellschaft und Familie. Jedermann ist sich hierüber einig. »Für den Mann ist die Liebe fast stets nur Episode«, schreibt Krafft-Ebing, »er hat daneben viele und wichtige Interessen; für das Weib hingegen ist sie der Hauptinhalt des Lebens.«
Zu diesem Konzept paßt der Befund, daß sich die erogenen Zonen bei der Frau angeblich über den ganzen Körper ausdehnen, beim Manne aber eng begrenzt sind (»W ist nichts als Sexualität«, faßt Otto Weiniger zusammen, »M ist sexuell und noch etwas darüber.« »Der Mann kann« sogar, schreibt Forel, »die höhere Liebe vom Sexualtrieb so trennen, daß bei ihm in dieser Beziehung zwei total verschieden fühlende Individuen im gleichen Gehirn vorhanden sind; ein Mann kann sogar der liebevollste Gatte sein und daneben seine Sinnlichkeit mit feilen Dirnen befriedigen. Beim Weibe ist eine solche Trennung [. . .] unnatürlich«.
Denn wesentlich ist der Mann geistig und fähig, seine Sexualität kraft seines Geistes selbst zu ordnen, zu führen, zu handhaben,

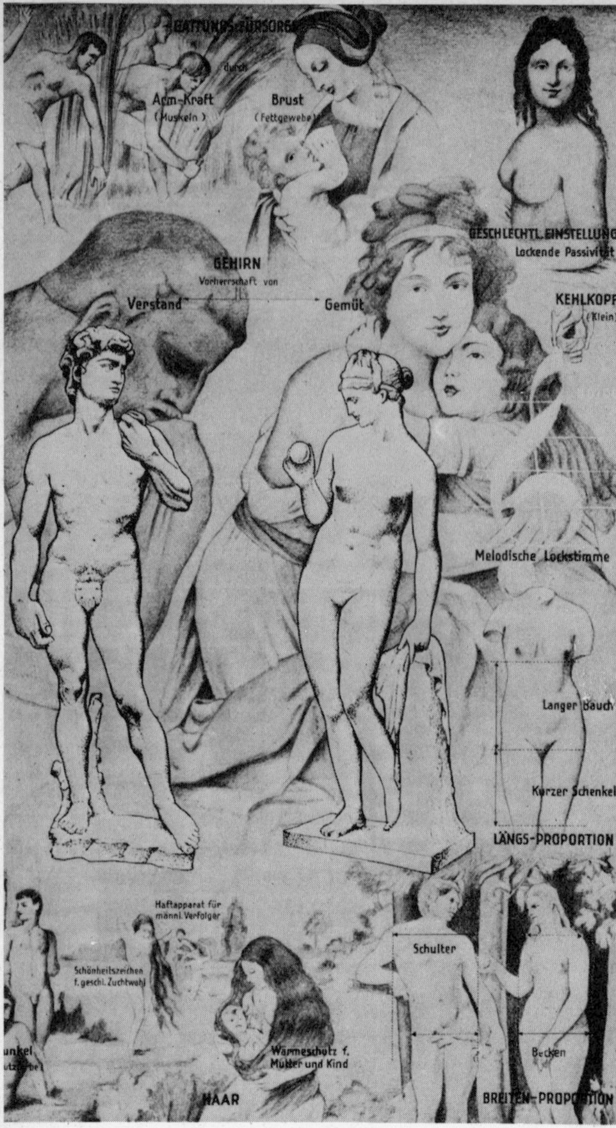

GATTUNGS-FÜRSORGE
durch
Arm-Kraft
(Muskeln)
Brust
(Fettgewebe)
GESCHLECHTL. EINSTELLUNG
Lockende Passivität
GEHIRN
Vorherrschaft von
Verstand
Gemüt
KEHLKOPF
(Klein)
Melodische Lockstimme
Langer Bauch
Kurzer Schenkel
LÄNGS-PROPORTION
Haftapparat für
männl. Verfolger
Schönheitszeichen
f. geschl. Zuchtwahl
Wärmeschutz f.
Mutter und Kind
HAAR
Schulter
Becken
BREITEN-PROPORTION

auszugrenzen. Für den Berliner Gerichtsmediziner Johann Ludwig Casper (1796–1864) unterscheidet sich der Geschlechtstrieb von den anderen Trieben dadurch, »daß er beim gesunden Menschen nicht sich bis zur Unbezwinglichkeit steigert«, denn er ist nicht Selbsterhaltungstrieb, sondern Gattungserhaltungstrieb. »Freilich ist es praktisch eine mißliche Sache, eine unwiderstehliche Stärke des Geschlechtstriebes zuzulassen«, schreibt später Albert Moll (1862–1939). Vielmehr kann vom Manne verlangt und erwartet werden, daß er seine Sinnlichkeit zu höherem Zwecke produktiv einsetzt, genau wie männlicher Geist »die Frau« gesellschaftlich nutzt. Die Sexualität wird damit niedriger, sinnlicher »Trieb«, Triebkraft, energetische Basis von Höherem, Sublimem, Sublimiertem, wie das Feuer dem 19. Jahrhundert vorwiegend in seiner in die Dampfmaschine und Lokomotive gebannten, technisch beherrschten Form bedeutsam war. Man kann sich fragen, wieweit das psychologische Sublimationskonzept tatsächlich in der Technik des 19. Jahrhunderts wurzle. »Jedenfalls bildet das Geschlechtsleben den gewaltigsten Factor im individuellen und socialen Dasein, den mächtigsten Impuls zur Bethätigung der Kräfte, zur Erwerbung von Besitz, zur Gründung eines häuslichen Heerdes«, schreibt Krafft-Ebing.

Wie aber »das sexuale Leben die Quelle der höchsten Tugenden werden kann«, fährt er fort, »so liegt in seiner sinnlichen Macht die Gefahr, daß es zur mächtigen Leidenschaft ausarte. [. . .] Als entfesselte Leidenschaft gleicht die Liebe einem Vulkan, der alles versengt, verzehrt, einem Abgrund, der Alles verschlingt – Ehre, Vermögen, Gesundheit«. Dasselbe gilt, die Frau als Projektionsfeld dieser vulkanischen Kräfte und Abgründe betreffend, zwischenmenschlich und gesellschaftlich: wo auf sozialer Ebene die Sinnlichkeit überhandnimmt, »entsteht [. . .] die Gefahr für die Gesellschaft, daß Maitressen [. . .] den Staat regieren und dieser zu Grunde geht. [. . .] Es ist ein Zug feiner psychologischer

← Die sekundären Geschlechtsmerkmale

Kenntniß des Menschen, daß die katholische Kirche ihre Priester zur Keuschheit (Cölibat) verpflichtet«.
Dahinter steht die Angst vor der eigenen Sinnlichkeit, Angst vor der Frau als Zerstörerin von höherer Geistigkeit und höherem sozialem Gebilde. Die Frau erscheint als Vampir, der dem Manne die höheren Lebenskräfte aus dem Leibe saugt, wie er sich durch Onanie selbst um dieselben bringt, als Gefäß von Trieben, welche, entfesselt, geeignet sind, Mann und Männerstaat zu zerstören. Lombroso und Ferrero nennen das normale Weib ein halbkriminaloides Wesen: »Frauen sind große Kinder; ihre bösen Triebe sind zahlreicher und mannigfaltiger als beim Manne, nur bleiben sie fast immer latent; wenn sie aber einmal aufgereizt und geweckt werden, so ist natürlich das Resultat um so schlimmer.« Und: »Das normale Weib besitzt viele Charakterzüge, durch die es sich [...] dem Verbrecher nähert.« »Wäre das Weib nicht körperlich und geistig schwach, wäre es nicht in der Regel durch die Umstände unschädlich gemacht, so wäre es höchst gefährlich. In den Zeiten politischer Unsicherheit hat man mit Schrecken die Ungerechtigkeit und Grausamkeit der Weiber kennengelernt, ebenso an den Weibern, die unglücklicherweise zur Herrschaft gekommen sind«, schreibt Möbius; der sächsische Ministerialdirektor Dr. Erich Wulffen wird noch 1925 die Frau eine »geborene Sexualverbrecherin« nennen.
Dieses System voneinander gegenseitig bedingenden Konzepten und Ängsten ist zweifellos mit der Pathologisierung der Frau im 19. Jahrhundert eng verquickt. Untergründig hat diese Pathologisierung die Bedeutung eines medizinisch-wissenschaftlichen Bannzaubers gegen die Systemgefährdung durch das auf die Frau projizierte sexuelle Prinzip. Die Ähnlichkeit zwischen dem Manne, der seine Sexualität nicht hinreichend zu kontrollieren imstande ist, und der »normalen« Frau ist unverkennbar – die Ähnlichkeit also der »Krankheit weiblichen Geschlechts« und der Krankheit des unbe»herr«schten Mannes.
So entspricht die Frau in ihrem natürlichen Hang zum Verbrechen den einzelnen unglücklichen »geborenen Sexualverbre-

chern« unter den Männern, wobei angeborenes Verbrechertum im Sinne Lombrosos ebensosehr Krankheit ist wie Laster. So entspricht die Frau in ihrer natürlichen Mangelhaftigkeit auch dem Homosexuellen, dem Onanisten und dem Manne, dessen Nervensystem durch sexuelle Ausschweifungen geschwächt ist. Nicht selten werden solche Männer als effeminiert, verweib- und verweichlicht beschrieben, als ob die »Krankheit Frau« sie tatsächlich befallen hätte.

»Das normale Verhalten des Kindes ist bei dem Erwachsenen pathologisch, das des Weibes bei dem Manne, das des Negers bei dem Europäer«, schreibt Möbius und stellt fest, daß man bei geistig niedrig stehenden Männern den weiblichen ähnliche hirnanatomische Verhältnisse finde.

Ein weibliches Gehirn vermuten manche auch im Schädel des Perversen, des Homosexuellen. Indem der Homosexuelle »bis zur Hysterik launisch, neidisch, feige, kleinlich, rachsüchtig und aufwallend ist, vereinigt er in sich alle Mängel des Weibes«, schreibt Benjamin Tarnowsky (1837–1906). Auch in der starken Bestimmtheit durch seine Sexualität gleicht der Homosexuelle dem Weibe. Ähnlich wie im Stereotyp »Frau« bzw. »weibliches Geschlecht« nimmt im Stereotyp »Homosexueller« bzw. »drittes Geschlecht« das Merkmal Sexualität eine absolut übergeordnete Stellung ein, während der normale Mann des 19. Jahrhunderts sich doch immer in erster Linie als Mensch identifiziert, der unter anderem über eine Sexualität verfügt. Daß dieser normale Mann im Homosexuellen wie in der Frau seinen möglichen Sexualpartner bzw. wiederum seine eigenen sexuellen Möglichkeiten pathologisiert, braucht wohl kaum gesagt zu werden.

Interessant ist wiederum, daß das, was beim Manne als krankhaft gilt, die homosexuelle Neigung nämlich, bei der Frau wenig auffiel. »Eigentümlich für das weibliche Empfinden ist auch die Tatsache«, schreibt Forel, »daß eine pathologische Erscheinung, die bei Männern ungemein scharf absticht, beim Weibe viel weniger vom normalen Empfinden abgegrenzt ist; ich meine die auf das gleiche Geschlecht gerichtete Libido.«

Auch der sexuell exzessive Mann und der männliche Onanist

ziehen sich individuell und leichtfertig Leiden zu, denen die Frau allgemein und unvermeidlicherweise unterworfen ist. Die Analogie von Menstruation und männlicher Samenausschüttung ist alt und wichtig. Der weibliche periodische Blutverlust wird der episodischen Samenausschüttung des Mannes analog gesetzt – um so mehr als die Menstruation ja auch im 19. Jahrhundert die Zeit der Empfängnis, nach Karl Ernst von Baers Entdeckung des weiblichen Eis, die Zeit des Eisprungs ist. Die Menstruation hat Brunst-Charakter. Die monatliche nervöse Krise der Frau, welche nach der maßgebenden Menstruationstheorie Eduard Pflügers alle möglichen nervösen Erscheinungen und Krämpfe bis hin zur hysterischen Attacke auslöst, genital aber Eisprung und Blutung, hat Orgasmuscharakter. Nur daß dieses Ereignis nicht mit Lust verbunden ist und vor allem, daß sie unvermeidlich, automatisch, regelmäßig ist, während der gesunde und normale Mann über seinen Stoff- und nervösen Kräftehaushalt selbst bestimmt. »Nichts schwächt den Organismus in so hohem Grade«, schreibt der Psychiater und Psychotherapeut Paul Dubois (1848–1918), »wie die häufige Wiederholung jener nervösen Krisis.« Onanie zehre, so schreibt er, das nervöse Kapital des Mannes auf. Das nervöse »Kapital«: Samen – Geld – Geist, all das also, was der Mann der Frau voraus hat. Und wiederum schaden andererseits Onanie und sexuelle Exzesse, die bei Frauen allerdings Zeichen einer Abweichung sind, diesen weniger als den Männern.
Durch sexuelle Exzesse und übermäßige Verausgabung nervöser Kräfte kann der Mann auch für Geisteskrankheiten anfällig werden; die Frau ist es von vornherein. »In Wirklichkeit«, schreibt der maßgebende Psychiater Emil Kraepelin (1856–1926) 1896, »dürfte es kaum zweifelhaft sein, daß das Weib mit seiner zarteren Veranlagung, mit der geringeren Ausbildung des Verstandes und dem stärkeren Hervortreten des Gefühlslebens weniger Widerstandsfähigkeit gegen die körperlichen und psychischen Ursachen des Irreseins besitzt, als der Mann. Allein die Bedeutung dieser Veranlagung für die wirkliche Häufigkeit psychischer Erkrankungen wird ausgeglichen durch die verhält-

nismäßig geschützte Stellung, die das Weib dem unvergleichlich mehr gefährdeten Manne gegenüber einnimmt. Alle jene Schädlichkeiten, die der Kampf ums Dasein mit sich bringt, treffen in erster Linie und vorwiegend den Mann [. . .] Ferner ist vor allem auf die Wirkung der Ausschweifungen [. . .] hinzuweisen, Gefahren, denen ganz vorzugsweise der Mann . . . ausgesetzt ist.« Ähnlich Krafft-Ebing: Menstruation, Schwangerschaft, Wochenbett, Rückbildung und allgemeine Disposition, Ursachen weiblichen Irreseins, werden beim Manne »reichlich aufgewogen [. . .] durch Überanstrengung im Kampf ums Dasein [. . .], durch Trunksucht, durch sexuelle Excesse, die angreifender für den Mann sind als für das Weib. [. . .] Muß das Weib allein den Kampf ums Dasein bestehen – so manche Wittwe – dann erliegt sie leichter und rascher als der Mann«.

Ein Kernstück der »Krankheit weibliches Geschlecht« ist die Hysterie. Und gerade weil sie Kernstück war, führte ihr objektives Studium zu so unbefriedigenden Resultaten, daß sie schließlich zum Kristallisationskern neuer Denkweisen über Frau und Sexualität wurde.
Die Hysterie, auch »amplification de la mentalité féminine« genannt, entspricht, wie Emil Kraepelin sagt, einer »natürlichen Entwicklungsrichtung« der Frau. Das heißt, es ist eigentlich jede Frau hysterisch. Der Gynäkologe Wilhelm Liepmann (geb. 1878) nennt die Hysterie ein »Vergrößerungsglas«, durch welches die physiologische Verwundbarkeit und Schwäche der Frau besonders gut zu erkennen sei (»Psychologie der Frau«, 1920). Ein Vergrößerungsglas ist sie indessen, nachträglich gesehen, auch für die Vitalität der Frauen damals. Denn die hysterische Frau entspricht sogar den widersprüchlichsten Ansprüchen, die an sie gestellt werden. Die Hysterie ist das weibliche Leiden, welches Sexualität zugleich ausdrückt und versteckt, in welchem Keuschheit und Begierde erfinderisch vereinigt sind. Deshalb vielleicht wurde die Hysterie zugleich als sehr weibliches und sehr unweibliches Leiden betrachtet, als natürlicher Zug der Frau und zugleich als Stigma derer, die ihre natürliche Bestim-

mung verweigerten: der Frauen, deren Sexualität nicht in Mutterliebe aufging, der Prostituierten, der Nymphomanen, Lombrosos Krimineller, aber auch erfolgreicher Schauspielerinnen, Tänzerinnen, Künstlerinnen und der Emanzipierten, die auf Kosten ihrer Weiblichkeit zu denken angefangen hatten. Tatsächlich werden die Hysterikerinnen immer wieder als intelligent beschrieben.

So diente das Hysteriekonzept dem Ausdruck und zugleich der Verstärkung der männlichen Ambivalenz gegenüber Frauen und Sexualität: ein Angelpunkt der Pathologisierung des weiblichen Geschlechts. Unter diesem Gesichtspunkt ist es auch ein Vergrößerungsglas für die Art und Weise, in welcher die Wissenschaft des klassischen 19. Jahrhunderts mit sexuellen Fragen umging.

Charakteristisch dabei ist, daß das in der Literatur am meisten hervorgehobene Merkmal der Hysterie ihre objektive Ungreifbarkeit ist. Die Hysterie scheint sich dem klinischen Blick ihrer Zeit konsequent zu entziehen. Kein einziges Symptom konnte für sie als eindeutig bezeichnend nachgewiesen werden, nicht einmal eine umschriebene Symptomengruppe. Im Gegenteil, die Hysterie war typischerweise wechselhaft und ihre Symptome unendlich vielfältig. Keine Ursache war sichergestellt, nicht einmal ihr Krankheitscharakter stand fest. Carl Ludwig Schleich nannte die Hysterie die »Krankheit ohne Ursache«, »eigentlich gar keine Krankheit«, den Wechselbalg von Leid und Lüge, eine Gauklerin. Jean Martin Charcot hat sie als »grande simulatrice« bezeichnet.

»Die Hysterie ist das Schmerzenskind der Nervenpathologie«, leitet Otto Binswanger (1852–1929) sein dickes Buch zum Thema (Wien 1904) ein, »weil alle Bemühungen, welche seit Jahrhunderten auf die Erkennung und begriffliche Würdigung der hierher gehörigen Krankheitserscheinungen verwandt worden sind, zu keiner auch nur einigermaßen befriedigenden und den Widerstreit der Meinungen ausgleichenden Lösung geführt haben. Die Unklarheit und Unsicherheit der Begriffsbestimmung hat dazu geführt, daß nicht bloß im Laufe der vergangenen Zeiten die widersprechendsten Anschauungen [...] gelehrt wurden, sondern daß auch heute noch keine Verständigung [. . .] erzielt worden ist.« »Die Hysterie bleibt die rätselvolle Sphinx«, leitet Siegfried Placzec sein Buch über »das Geschlechtsleben der Hysterischen« (1919) ein.

Die Frau des 19. Jahrhunderts in ihrer Hysterie irritiert den objektivierenden Blick ihres männlichen Partners und Arztes, führt ihn gewissermaßen ad absurdum, indem sie sich objektiv vor allem dadurch charakterisieren läßt, daß sie vexierbildartig, irrlichtartig täuscht, lügt, manipuliert. Die notorische Lügenhaftigkeit der Frau ist in der Hysterie bis zum Unglaublichen verstärkt. Wenn die normale Frau mit Worten und Masken lügt, so lügt die Hysterika mit ihrem ganzen Körper: während die normale Frau sich der Lüge bedient, bedient sich in der Hysterie die Lüge der Frau. Irgendeine Einbildung oder Idee, woher auch immer stammend, kann sich in der Hysterie in greifbare Körperlichkeit umsetzen.

»Phantasiasis« solle man sie nennen, schlägt Schleich vor. »Es wäre überflüssig, nachzuweisen, wie die Verlogenheit zur Gewohnheit, ja [. . .] zu einer physiologischen Eigenthümlichkeit des Weibes geworden ist«, schreiben Lombroso (und sein Schwiegersohn), und tatsächlich kann er seitenweise Sprich-, Dichter- und Philosophenwörter zum Beleg der natürlichen Lügenhaftigkeit der Frau beibringen. Er unterstellt eine bewußte und eine instinktive Verlogenheit der Frauen: »Die Unwahrhaftigkeit ist so sehr ein organischer Bestandteil des weiblichen Charakters geworden, daß ein Weib niemals ganz aufrichtig sein kann.« Und die Hysterie, wird Weininger schreiben, ist nur »die organische Krisis der organischen Verlogenheit des Weibes«. Überdies stellt er den Zusammenhang zwischen diesem Hang der Frau zur Lüge und ihrer notorischen Passivität, Empfänglichkeit, Suggestibilität und totalen Sexualität heraus. »Es ist die allgemeine Passivität der weiblichen Natur, welche die Frauen am Ende auch die männlichen Wertungen [. . .] acceptieren und übernehmen läßt. [. . .] Nichts hindert also, daß die männliche negative Wertung der Sexualität die positive weibliche vollständig im Bewußtsein des Weibes überdecke.« So kommt es zu der verlogenen Anerkennung der Sittlichkeit durch die Frau, welche doch »universale Sexualität« verkörpert – »so tief sitzt die Lüge, die organische, [. . .] die ontologische Verlogenheit des Weibes«.

Immer und immer wieder dient die weibliche Lüge letztlich der Verleugnung der Sexualität. »Als die Menstruation anfing, ein Gegenstand des Widerwillens für die Männer zu werden«, schreibt Lombroso, »mußte das Weib sie zu verheimlichen suchen, und auch heute noch ist dies Verbergen eine der ersten Lügen, die man sie lehrt; man erzieht sie dazu, ihren Zustand unter Vortäuschung anderer Leiden zu verstecken. Mit anderen Worten heißt das, man zwingt sie dazu, jeden Monat zwei bis drei Tage fortgesetzt zu lügen, was eine periodische Übung in der Simulation bedeutet. Nichts ist während der Periode der Menstruation häufiger, als die mit Bosheit und Tücke verbundene Lüge. [. . .] In dieser Zeit ist Jede Weib par excellence, die Reizung ihrer Genitalorgane erregt alle die Gefühle, die, vereint, die Liebe des Weibes bilden; unter anderem wird dann auch [. . .] der Hang zur Lüge« stärker. »Die Pflichten der Mutterschaft«, fährt er fort, »sind ebenfalls ein Moment, das die Frau zur Lüge zwingt, denn die ganze Kindererziehung besteht aus einer Reihe mehr oder weniger geschickter Lügen, die theils dazu bestimmt sind, die sexuellen Beziehungen [. . .] zu verhüllen, theils [. . .], das Kind [. . .] auf die Wege des Rechten zu lenken.«

Weibliche Lügenhaftigkeit geht demnach auch fließend in weibliche Schamhaftigkeit und selbstverleugnende Keuschheit über. Und wie diese ermöglichte sie es der Frau, den paradoxen Anforderungen zu genügen, welche eine männlich dominierte Gesellschaft an sie stellte, namentlich der Aufgabe, alle im Zusammenhang mit Sexuellem auftauchenden Widersprüche zu lösen.

Kein Wunder also, daß die »rätselvolle Sphinx« Hysterie zur Schrittmacherin neuer gedanklicher Ansätze in der Medizin wurde, Schrittmacherin psychologischer und soziologischer Ansätze zunächst. Denn medizinisch-biologisch war an sie offen-

Oedipus im Begriffe,
das Rätsel der Sphinx zu lösen

sichtlich nicht heranzukommen. Gegen Ende des 19. Jahrhunderts drang dann allmählich die Auffassung durch, daß die Lügenhaftigkeit der Frauen in sexuellen Dingen nicht so sehr oder doch nicht nur mit den Eigentümlichkeiten des weiblichen Nervensystems und der weiblichen Konstitution zusammenhing. »Es ist wahr, daß das Weib von ihren Liebesgefühlen nichts verrathen darf«, schreibt Lombroso. »Wie vieles übrigens verbergen wir selber nicht vor Frauen und Kindern, besonders in bezug auf das Geschlechtsleben, worüber sie dann auf die eine oder andere Weise die Wahrheit erfahren! Wenn sie so sehen, wie um sie her beständig gelogen wird, dann gewöhnen sie sich schließlich auch an die Lüge.« Das Weib »darf ihren Erotismus nur erraten lassen. Jede plumpe [. . .] Herausforderung ihrerseits verfehlt ihren Zweck; sie pflegt Männer abzustoßen«, schreibt Forel. »Sie darf aus ihrer passiven Rolle selbst dann nicht sichtbar heraustreten, wenn sie von der größten erotischen Sehnsucht geplagt wird.«

Daß die weibliche Hysterie in dieser Situation wurzelt, wurde allmählich klarer. Krafft-Ebing weiß von der Pflicht, die der Frau von der Gesellschaft bzw. eben vom Manne auferlegt ist, ihr Sexualleben geheimzuhalten, vor dem Mann und sogar vor sich selbst. Moriz Benedikt leitet 1894 »die Eigenkrankheit des Weibes – die Hysterie« direkt von den daraus entstehenden Spannungen her (vgl. S. 31).

Auch für Sigmund Freud wird der verdrängte sexuelle Affekt die Ursache der Hysterie. Auf diese Weise wandelt sich das moralische Urteil über die Lügenhaftigkeit zur Theorie von der Verdrängung und der Abwehr verbotener Impulse. Freud tat aber noch mehr: er holte die Sexualität aus dem Ghetto der wissenschaftlichen Objektivität heraus, in das sie sogar die seinerzeitige Sexologie verbannt hatte. Freud hat die Lehre von der weiblichen Hysterie zur Neurosenlehre überhaupt erweitert; nun konnten auch normale heterosexuelle Männer an ihrer Sexualität leiden. Eugen Bleuler (1857–1939) würdigte diese Leistung der Psychoanalyse, als er schrieb, es sei aus der von Männern betriebenen Wissenschaft die Sexualität verdrängt worden, und dies habe einen Objektivitätsverlust mit sich gebracht. Die Frauenheilkunde kenne zwar die Sexualität, aber nur bei Frauen. »Damit schützt sie sich sehr energisch vor der Verallgemeinerung, daß auch die eigene Hälfte der Menschheit mit einem Geschlechtstriebe behaftet sei. Die Neurologie und Psychiatrie anerkennt den Geschlechtstrieb [. . .] bei den ›Anderen‹, verbittet sich aber den Gedanken an die eigene. In diese weise Beschränkung hat Freud Unsicherheit zu bringen versucht; er [. . .] behauptet, jedermann, alt und jung, gesund und krank, Laie und Arzt leide an Geschlechtstrieb.«

Mit diesem Konzept hat Freud eine wichtige Voraussetzung für die spätere Einsicht geschaffen, daß die »Krankheit weibliches

Geschlecht« etwas mit der männlichen Sexualität zu tun haben könnte. Er selbst hat diesen Weg noch kaum beschritten. »Das Mädchen erlebt«, schreibt er noch 1938 in seinem »Abriß der Psychoanalyse«, »nach vergeblichem Versuch, es dem Knaben gleichzutun, die Erkenntnis ihres Penismangels oder besser ihrer Klitorisminderwertigkeit mit dauernden Folgen für die Charakterentwicklung.« So bleibt Freud angesichts der »Krankheit Frau« der objektive, mitleidig hilflose Helfer des 19. Jahrhunderts, wiewohl er gewußt hat, daß das Rätsel der Sphinx nicht durch einen guten Diagnostiker, sondern durch Ödipus gelöst worden ist, der sich gerade im Zusammenhang mit dieser Lösung so tief in sein eigenes Schicksal verstrickt hat, daß er darob seinen klinischen Blick um seiner Introspektion willen verloren hat. Freud hat viele Rätsel gelöst, aber es lag ihm fern, die Krankheit weibliches Geschlecht, die »Clitorisminderwertigkeit« bzw. den »Penismangel« als ein Symptom männlicher Sexualkonflikte zu sehen. James Hillman spricht in ähnlichem Zusammenhang (»Essay on Pan«) von einer Psychopathologie, die sich der Cartesischen Täuschung hingebe, daß ihre Arbeit und ihre Psychologie nichts miteinander zu tun hätten. Mithilfe der Subjekt-Objekt-Trennung könnten sich die Forscher, so schreibt er, »schützen, durch ihre Untersuchungen etwas über sich selbst und nicht nur über ihren Wissensstoff zu erfahren«.
Man könnte sagen, Weininger in Wien sei in dieser Hinsicht weiter gegangen als Freud. Weininger nennt die Frau, das Weib »eine Funktion von M«, »eine Funktion, die er setzen, die er aufheben kann«, »sein Dasein ist an den Phallus geknüpft«. »Als der Mann sexuell ward, da schuf er das Weib«, schreibt er auch. »Denn das Weib ist nur die Schuld und nur durch die Schuld des Mannes. [...] Was die Frau [...] durch ihr bloßes Dasein, durch ihr ganzes Wesen, ewig unbewußt auswirkt, das ist nur ein Hang im Manne, sein zweiter, unausrottbarer, sein niederer Hang.« »Er ist die Objektivation der männlichen Sexualität, die verkörperte Geschlechtlichkeit, seine Fleisch gewordene Schuld.« Weininger schließt sich der Bisexualitätstheorie seiner Zeit an, der Mensch ist für ihn wesentlich doppelgeschlechtlich,

»Mann« und »Weib« repräsentieren in diesem Sinne die abstrakten Prinzipien dieser Verbindung.
Gewiß gehört dieses Konzept zum Hintergrund von Weiningers Idee, Weib sei eine Funktion des Mannes. Trotzdem ist dieser Satz nicht umkehrbar. Die Frau bleibt das Nicht-Ich, das zweite, das niedrige Prinzip, Schuld und Krankheit. »Das Weib [scheint] gleich unendlich wie der Mann«, schreibt er, »das Nichts [W] so ewig wie das Sein; aber diese Ewigkeit ist nur die Ewigkeit der Schuld« – »die Ewigkeit der Krankheit« hätte er als Arzt vielleicht gesagt. Denn wiewohl er über Sexualität spricht und einen sexuellen beziehungsweise weiblichen Anteil in sich selbst anerkennt, und wiewohl er realisiert, daß die Beziehung zwischen den Geschlechtern mit seiner inneren Situation zu tun hat, behält er doch die alte Assoziation von hohem Wert, Verstand/ Geist und Ich bei. Ähnlich erkennt Schleich die Mann-Frau-Dichotomie als eine Widerspiegelung innerer Verhältnisse, ohne

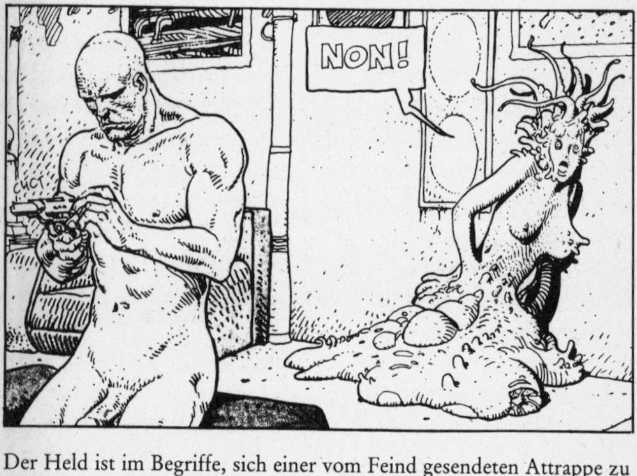

Der Held ist im Begriffe, sich einer vom Feind gesendeten Attrappe zu entledigen: einer Frau, die sich im entscheidenden Augenblick in einen vernichtenden Polypen verwandelt hat.

indessen die traditionelle Ordnung in Frage zu stellen. Hysterie habe mit Frauen nichts zu tun, schreibt er 1920, sei keine Ungezogenheit junger und alternder Mädchen, sondern »eine Ausschweifung der Phantasie, ein Gewaltstreich derselben, ein Einbruch in die Fluren und Heimstätten friedlicher Zellager, [. . .] eine Orgie der Phantasie«. Und als Therapie empfiehlt er »systematische Übungen am Mechanismus der Phantasieorgane«.

Und heute? Die alten Muster sind vielfach umgewertet, hinterfragt, reflektiert, kritisiert und sogar überholt worden. Dort freilich, wo ein Umdenken soziale, wirtschaftliche und politische Interessen in Frage stellt, faßt es nicht so leicht Wurzeln, provoziert es sogar Verhärtungen, Vertiefungen, Verwissenschaftlichungen und Zynifikation der alten gedanklichen Gewohnheiten. Viele fürchten daher heute nicht so sehr den Staatsstreich der Phantasie als vielmehr die Verkrebsung der ehemals geordneten und friedlichen Zellager unserer vom Bereich des Emotionellen abgespaltenen Vernunft und Geistigkeit. Aber es gibt auch Hoffnung auf differenzierende Kontakte.

Für Marie-Luise Könneker, 1982

Geschichte der Gynäkologie und Geburtshilfe Ein Überblick

I. Die stumme Frau

Die Geschichte der Gynäkologie und der Geburtshilfe ist zunächst durch ihre enge Beziehung zur Geschichte der Frau charakterisiert. Die Frau ist historisch bis vor kurzer Zeit weitgehend stumm gewesen. Sie äußerte sich offiziell, wenn überhaupt, vorwiegend durch Vermittlung ihres Mannes und ihrer Söhne – womit über ihre inoffizielle Stellung und Äußerungsfähigkeit nichts gesagt ist. Wenn sie trotzdem gelegentlich veröffentlichte, was sie zu sagen hatte, hatte sie nicht nur mit wenig Resonanz, sondern auch mit erheblicher Resonanzdämpfung zu rechnen. Auch das literarische Objekt »Frau« ist durch tendenzielle Stummheit geprägt. So sind weite Gebiete der Vergangenheit der Gynäkologie und Geburtshilfe historiographisch nicht erfaßbar und nicht erfaßt. Was aber erfaßbar und erfaßt ist, wirkt noch mehr als das, was man von der Geschichte anderer medizinischer Spezialitäten weiß, wie die Spitze eines Eisbergs. Dem unsichtbar bleibenden Hauptbrocken entsprächen Arbeit und Erfahrung und mündliche Tradition der Hebammen, Hexen, Chirurgen, Nachbarinnen usw. und das viele, was ungesagt bleibt, auch wo über »die Frau« gesprochen wird. Von der Geschichte der Kinderheilkunde und des Kindes ließe sich ähnliches sagen. Frau und Kind sind sich historisch in vielem ähnlich. Die Geschichte der Pädiatrie und der Frauenheilkunde, vor allem der Geburtshilfe, haben auch bedeutende gemeinsame Wurzeln. Zahlreiche frühe Klassiker des einen Gebiets sind zugleich solche des anderen. Dies sei aber nur am Rande bemerkt.

II. Antike

Die antike Gynäkologie-Geburtshilfe, wie sie sich im ägyptischen Papyrus Ebers (Niederschrift ca. 1550 v. Chr.), in der hippokratischen Schrift »Über die Krankheiten der Frauen« und im Werk des Soranus von Ephesus darstellt, kreist um die Themen Sterilität, Schwangerschaft, Geburt, Wochenbett, Uterus, Menses, Lochien (Wochenfluß) und andere Flüsse. Soran, der wichtigste antike Autor auf diesem Gebiet, der auch auf das Mittelalter überragenden Einfluß ausübte, hat zusätzlich die alexandrinische Kenntnis vom Ovar, doch kümmert er sich um dieses anatomische Detail nicht weiter. Die Sterilität kommt als behandlungsbedürftiges Leiden wie als therapeutisches Ziel vor – namentlich Soran gibt eine ausführliche antikonzeptionelle Beratung, da er Schwangerschaft und Geburt für zwar normale, den betroffenen Frauen aber unzuträgliche Ereignisse ansieht. Er weist darauf hin, daß die Grenzen zwischen Antikonzeption und Abort oft fließend sind. Er diskutiert auch die ethische Seite des Problems, namentlich das hippokratische Abtreibungsverbot; er selbst zieht die Antikonzeption dem Abort aus gesundheitlichen Gründen vor.

Die Frage, inwieweit die Frau ein zwar normales, aber doch nicht vollwertiges, ein hilfsbedürftiges Wesen sei, zeichnet sich schon hier ab. Soran hält nicht nur Schwangerschaft und Geburt, sondern auch die Menstruation für ein zwar normales, aber der Frau nicht zuträgliches Geschehen. Der hippokratische Autor dagegen stellt die Menstruation als eine Reinigung der Frau von schädlichen Säften dar, als einen Aderlaß der Natur, dessen Ausbleiben eine allenfalls tödliche Störung des inneren Säftegleichgewichts zur Folge haben kann (vgl. S. 34 f.). Auch da ist die Frau indessen ihrem Wesen nach therapiebedürftig.

Dem empirischen Zugang zum Phänomen Krankheit, beim Hippokratiker auch der humoralpathologischen Orientierung entsprechend, finden Mensesanomalien, rote und weiße Flüsse, Lochien, Gonorrhoe (Fluß von weiblichem Samen) in den genannten Schriften großes Interesse. Der Uterus ist der zentrale

Teil des weiblichen Organismus. Auch darauf ist zurückzuführen, daß die Antike und ihre Nachfolger zwischen Gynäkologie und Geburtshilfe nicht unsere scharfe Trennung machten. Lageverschiebungen des Uterus sind ein wichtiges pathologisches Kapitel. Diese konnten in den heute noch bekannten Dislokationen bestehen. Der antike Uterus war indessen in noch viel weiteren Grenzen beweglich. Er verhält sich »wie ein Wesen im Wesen«, schreibt etwa Aretaeus der Kappadocier (ca. 50 n. Chr.). »Wenn er nun plötzlich in die Höhe steigt, hier eine längere Zeit verweilt und die Eingeweide mit Gewalt verdrängt, so bekommen die Frauen Erstickungs-Anfälle, wie bei der Epilepsie. [. . .] Aber auch die Carotiden werden [. . .] zusammengedrückt, worin wiederum die Schwere im Kopf, die Gefühllosigkeit und die Schlafsucht ihren Grund hat.«

Die durch Wandern des Uterus verursachten Leiden wurden »hysterisch« genannt. Entsprechend galt es bis in die Neuzeit hinein als Hysterietherapie, die entwichene Gebärmutter durch angenehme Reizungen von unten und unangenehme Eindrücke von oben wieder an ihren angestammten Platz zu manipulieren. Als die Wissenschaft dieses Organ später seiner freien Beweglichkeit beraubte, erfuhr die »Hysterie« mannigfache Interpretationswandlungen; die Idee von einem vorwiegend weiblichen Leiden mit prinzipiell vielfältiger und launischer Symptomatik aber hat sich durch die Jahrhunderte erhalten (vgl. S. 30).

Entsprechend einer handwerklich-praktischen Orientierung werden beim hippokratischen Autor wie bei Soran die gynäkologische Chirurgie und die Geburtshilfe eingehend behandelt. Bei

← Der Uterus sei »die Ursache von 1000 Übeln«, steht in einem Briefe, den der Philosoph Demokrit an den Arzt Hippokrates geschrieben haben soll. Man hat diese Aussage später auf die Hysterie bezogen. Bilder vom Typus dieses anonymen Stiches aber stellen die viel weitere Beziehung zwischen der Gebärmutter und der Büchse der Pandora her. Diese gilt in der griechischen Mythologie als die Quelle der Übel überhaupt. Immerhin: die Hoffnung blieb darin zurück.

»Figur [...] dess Geschirrs [...] die Gebärmutter dardurch zu beräuchern. Die Materien dieses Räucherwercks sind Zimmetrinden, Kalmuss, Paradeissholtz. [...] Welche alle mit ihrem lieblichen Geruch [...] die Gebärmutter an sich ziehen, widerumb an ihren Ort zu recht bringen. [...] Für Nasen macht man ihnen, den Weibern, Räuche von allerley stinckenden Sachen, als [...] Ammoniac, Teuffelstreck, [...] Haarn [...] als deren ubeln und bösen Geruch die Gebärmutter hefftig fleugt und derowegen von oben widerumb hinab und in ihre natürliche Stelle weicht. [...] Welche Männer haben, sollen sich von denselbigen offt und viel beschlaffen lassen: Denn der hefftige und offt wiederholte Beyschlaff übertrifft in solchem alle andere Mittel. Also mag auch die Hebamme ihre Finger [...] wol schmieren nachmals mit denselbigen den gantzen inwendigern Eingang biss zu dem Mundlöchlein der Gebärmutter hinein reiben und kitzeln.«

Soran nimmt die Hebamme eine sehr prominente Stellung ein. Viele Hebammenhandgriffe werden im Detail angegeben, als ob eine Hebamme dieses Werk geschrieben hätte. Im kritischen Moment aber muß die Hebamme den Arzt zuziehen – ihm fallen die Leitung komplizierter Geburten und die in erschütternder Ausführlichkeit beschriebenen Kindeszerstückelungen und Extraktionen des toten Kindes zu.

Schwangerschaft, Geburt und Wochenbett waren offensichtlich damals und bis nach der Mitte des 19. Jahrhunderts ernste Gesundheits- und Lebensgefährdungen für die Frau. Da die Sterblichkeit der Kinder in der Zeit vor, während und nach der Geburt aus ähnlichen Gründen ebenfalls sehr erheblich war, hatten die Frauen um so häufiger zu gebären, noch ganz abgesehen von den meist höheren Lebendkinderzahlen früherer Familien gegenüber heutigen (unseres Kulturkreises), was die Sterblichkeit der verheirateten Frau weiterhin erhöhte. Es läßt sich denken, daß dies, kombiniert mit der Armseligkeit des therapeutisch-geburtshilflichen Arsenals dieser Zeiten, mit an der Wurzel der Tendenz liegt, die Frau gegenüber dem Manne minderzuachten. Abwertung und Abwendung sind ja geläufige menschliche Reaktionsformen in Schmerzsituationen – die auch im Dienste der Schmerzvermeidung eingesetzt werden. Man trauert nicht so empfindlich um etwas, was man nicht zu sehr schätzte und liebte.

Jedenfalls hat uns schon die klassische Antike neben den besprochenen eher praktisch geburtshilflich-gynäkologischen Schriften auch theoretische Schriften über das Wesen der Frau hinterlassen, welche die Minderwertigkeit der Frau gegenüber dem Manne festhalten. Schon bei der Entstehung der Frau fängt es an. In Platos (427–348/47 v. Chr.) Alterswerk »Timaios« wird »man« zur Strafe Frau. »Von den Männern, die entstanden waren, wurden [. . .] diejenigen, die furchtsam waren und ihr Leben unrichtig verbrachten, bei der zweiten Entstehung in Weiber umgestaltet.« Dies geschieht dadurch, daß die Organismen der Versager bei Gelegenheit der nächsten Inkarnation mit weiblichen Geschlechtsteilen versehen wurden, unter deren Tyrannei sie dann ihr trauriges Leben zu verbringen hatten.

Aristoteles betrachtete als Ziel aller Zeugung die Erzeugung von seinesgleichen. Wie bei den Vorsokratikern gibt es bei ihm assoziative Beziehungen zwischen Samen und Pneuma (griechisch für Luft, Atem, Seele, Geist), Wärme, Leben und Seele. Da nun aber für ihn nur der Mann zeugungsfähig war, weil der weibliche Organismus infolge eines Mangels an Wärme die Nahrung nicht zur Vollendung des Samens verarbeiten (»kochen«) konnte, war das Ziel aller Zeugung für Aristoteles der Mann. Die Frau war demgegenüber sozusagen eine – allerdings notwendige – Mißgeburt (vgl. S. 36 u. 21).

Der hocheinflußreiche Galenos von Pergamon zeigte dann, in Verarbeitung dieser wie auch vorsokratischer Gedanken, daß auf der rechten, besseren Seite des Uterus eher Knaben als Mädchen entstünden, weil es da infolge der Lebernähe und der speziellen Gefäßverläufe wärmer sei als links, wobei auch hier »Wärme« mit »Leben«, »Kraft«, »Seele« und hohem Wert assoziiert war. Links aber entstanden eher Mädchen, die nichtausgereiften Knaben glichen, deren Geschlechtsorgane noch nicht nach außen durchgetreten waren, ähnlich nicht durchgebrochenen Zähnen bei Feten. Die »testes muliebres« (Ovarien) lagen noch innerlich, der Hodensack lag in Form des Uterus noch unausgestülpt im Inneren der Bauchhöhle, ebenso der noch nicht zum Penis ausgewachsene Hals der Gebärmutter. Entsprechend lagen die äußeren weiblichen Schamteile, das Analog der männlichen Vorhaut, noch am Rumpf. Die Galensche Analogie ist z. T. für die bis in die Neuzeit andauernde Begriffsverwirrung um Gebärmutterhals und Scheide verantwortlich. Galen hat der Frau in hippokratischer Tradition eigenen Samen zuerkannt, doch spärlicheren, dünneren und kälteren als dem Manne.

Weibliche Genitalien →

G
A
E
F
E
B
E
G
I
I

Das Mittelalter hat dieses Gedankengut neben der hippokratisch-soranischen Überlieferung mehr praktischer Art gepflegt, wobei die körperlich-seelische Minderwertigkeit und Schwäche der Frau Züge der theologischen Minderwertigkeit annahm. Schon der Kirchenvater Tertullian (um 160) hatte der Frau geraten, als Angeklagte Gottes zu leben. »Du bist die Pforte des Teufels«, spricht er sie an, »du hast jenen Baum angetastet (wörtlich: entsiegelt), du hast dich zuerst vom göttlichen Gesetz abgewendet, du hast denjenigen verführt, dem der Teufel nichts anhaben konnte. [. . .] Du verdienst den Tod.« »Du gebärst

Frontispiz eines Hebammenlehrbuchs von 1580: Scham verbietet unverhüllte Geburt.

in Angst und Schmerzen, Frau [. . .] und vergißt, daß du Eva bist?« Den Sühnecharakter des Gebärens hatte schon Paulus ausformuliert.

Den Scholastikern (etwa Thomas von Aquin) wurde solches Denken sehr geläufig. Sozusagen gegen ihre Absichten kam es dabei aber zu einem gewissen Verlust der männlich-kirchlichen Kontrolle über wesentliche Bereiche des täglichen Lebens und zu entsprechenden Ängsten. Die Praxis der Gynäkologie und Geburtshilfe kam wieder sehr in die Hände von Nichtgelehrten und vor allem von Frauen – die denn diesen Kompetenzbereich auch eifersüchtig hüteten. Als Hebammen konnten Frauen zu angesehenen Stellungen, ja zu klerikalen Würden kommen. So wurde den Stadthebammen vielfach das Recht zuerkannt, zu taufen, damit unter der Geburt sterbende Kinder dieses Sakramentes nicht verlustig gingen. Denn Hebammen waren nicht so sehr ärztliche Hilfspersonen als vielmehr primär spezialisierte Frauenärztinnen; sie sind historisch auch die Ahnfrauen der weiblichen Doktoren der Medizin (die sich denn auch anfangs meist auf die Frauenheilkunde spezialisiert haben). Regelungen, welche Kindsmord, Abort, eigenmächtige Schwangerschaftsverhütung durch Hebammen verhindern sollten, spiegeln die Ängste vor unkontrollierten Kompetenzüberschreitungen seitens dieser Frauen wider. Zum klassischen Teufelskreis sind solche Ängste mit der gedanklichen Assoziation von Hebammen und Hexen verschaltet gewesen.

Die Entwicklung des Hebammenstandes wie der Geburtshilfe und Gynäkologie hat viel mit derjenigen der Chirurgen und der Chirurgie gemeinsam. Sie hat ähnlichen fördernden und hemmenden Einflüssen unterlegen, auch fachlich und personell bestehen enge Beziehungen. Wenn die mittelalterliche Kirche das chirurgische Blutvergießen nicht schätzte (was nicht hieß, daß die mittelalterlichen Kleriker ihre Leibchirurgen nicht geschätzt hätten), wieviel weniger konnte sie das gynäkologisch-geburtshilfliche Blutvergießen schätzen. War doch die Schwierigkeit des Geburtsgeschäftes nur die Folge von Evas Sünden, galt doch die Menstruation selbst dem Mittelalter als giftiger

Die beiden gegenüberliegenden Seiten: Frontispize aus den Werken von Justine Siegemundin und François Mauriceau – man beachte die Betonung der »geschickten Hand« bei der Hebamme gegenüber dem mit dem Bändchen »mulierum salus« (Heil der Frauen) versehenen Instrumentenschmuck des männlichen Geburtshelfers – »hic sol non umbra regit« (Hier herrscht die Sonne, nicht der Schatten).

Ausfluß der Sünde (vgl. S. 38–43). Wo die Chirurgie im Mittelalter andererseits günstigen Boden fand, ging es auch der Geburtshilfe und Gynäkologie besser: in Italien und Frankreich etwa, oder in den Städten. In Salerno studierten und lehrten im 11./12. Jahrhundert Frauen; eines der berühmtesten Werke der Medizinschule von Salerno, welche noch vor den Universitäten blühte, ist das gynäkologisch-geburtshilflich-kosmetische Werk, das unter dem Namen Trotula läuft (wobei es unklar ist, ob dies ein Frauenname und ob es überhaupt ein Autorenname sei).

IV. Neuzeit

In der Neuzeit wurde dann Frankreich zum Land der großen Hebammen. Louise Bourgeois/Boursier (1563–1636), geschworene Hebamme der Stadt Paris und Hebamme der Maria von Medici, Gattin eines Chirurgen, die auch den Blasensteinschnitt und andere chirurgische Operationen ausführte, ist hier zu nennen, ferner z. B. Marie-Louise Lachapelle (1769–1821), ebenfalls Chirurgengattin und Tochter einer Hebamme und eines Chirurgen. Mme. Lachapelles Neffe, späterer Professor der Geburtshilfe in Montpellier, hat die Lehren seiner Tante in Buchform herausgegeben; ihre Schülerin Marie-Anne-Victoire Boivin (1773–1841) hat es mit ihrem selbstverfaßten Werk zum Ehrendoktor der Universität Marburg gebracht. In den deutschen Landen hat es nur eine ebenso namhafte Hebamme gegeben: die chur-brandenburgische Hof-Wehe-Mutter Justine Siegemundin (1648/50–1705), welche ebenfalls ein Buch geschrieben hat. »Dieses Buch [. . .] soll, weil ich keine Kinder zur Welt gebohren, das seyn, was ich der Welt hinterlasse: Habe ich also nicht nöthig weitläufftig die Ursachen des Drucks zu rechtfertigen.«

Doch die Emanzipation der Gynäkologie und Geburtshilfe (zum medizinischen Fach) erfolgte vor der Emanzipation der Frau (zur Medizinerin). Sie war deshalb zunächst mit einem allmählichen Übergang in männliche Hände verbunden. So äußert sich schon der Autor des ersten Hebammenlehrbuchs (»Der Swangern Frauen Rosengarten«, 1513), der Chirurge Eucharius Roesslin (gest. 1526), recht abschätzig über »die hebammen alle sampt, die also gar kein wissen handt«. Sogar in Frankreich haben die Hebammen vor männlichen Geburtshelfern zurücktreten müssen. Der Chirurg Paré (vgl. S. 22), dessen Lehrbuch ein ausführliches gynäkologisch-geburtshilfliches Kapitel enthält, hat seine diesbezüglichen Schüler hinterlassen.

François Mauriceau (1637–1709) sollte dann der erste Chirurg werden, der sich fast ausschließlich mit Geburtshilfe und Gynäkologie befaßte. Er hat an der Gebärabteilung des Pariser Hôtel Dieu gewirkt, die vielleicht unter dem Einfluß der Mme. Louise Boursier entstanden war. Sein Name überlebt, wie der der Siegemundin, in einem geburtshilflichen Handgriff, nur daß dieser offenbar von den Hebammen des Hôtel Dieu schon vor ihm praktiziert, aber nicht publiziert worden ist. An Mauriceaus Name knüpfen sich auch viele andere Fortschritte seines Faches, außerdem aber die Verzögerung der Einführung der Zange in die Geburtshilfe. Als nämlich 1670 der abenteuerliche Hugh Chamberlen (geb. um 1630), der Sproß einer Familie, die die Zange seit Generationen als Geheimnis hütete, nach Paris kam, um diese Erfindung zu demonstrieren und zu verkaufen, war Mauriceau am Mißlingen dieser Aktion nicht ganz unbeteiligt. Er scheint sich darüber als Bestätigung des eigenen Könnens geradezu gefreut zu haben.

Im Jahrhundert der Aufklärung ist das Chamberlensche Geheimnis dann aber doch herausgekommen; außerdem war die Neuerfindung der Zange unvermeidlich in einer Zeit, die die Geburtshilfe anatomisch-physiologisch begründete. Außer der Zange sind im Laufe des 18. Jahrhunderts auch andere geburtshilfliche Instrumente aufgekommen. Georg Wilhelm Stein (1731–1803), der sich um die Beckenmessung so sehr verdient gemacht hat, ist der Erfinder zweier Pelvimeter, eines Cliseometers, eines Cephalo-, eines Labi- und eines Baromakrometers; einen Gebärstuhl und eine eigene Zange hat damals ohnehin jeder Geburtshelfer herausgegeben, der etwas auf sich hielt. André Levret (1703–1780), der sich um eine sachgemäße Entwicklung der Zangenform sehr bemüht hat, gilt außerdem als Erfinder der Uterussonde, von der noch die Rede sein wird. So ist das Aufkommen der Zange im Lauf des 18. Jahrhunderts auch

ein Aspekt der allgemeinen männlich-geburtshelferischen Bewaffnung mit Hilfsinstrumenten gewesen.
Im Ursprungsland der Zange war man derartigen Instrumenten gegenüber skeptischer. William Smellie (1697–1763) bemühte sich vor allem um eine klare Umschreibung des Anwendungsgebiets der Zange; William Hunter (1718–1783) erarbeitete wichtige anatomische und physiologische Grundlagen der Geburtshilfe.
Aber auch in England hat die Aufklärung eine Verwissenschaftlichung, Literaturfähigkeit und vor allem eine Eingliederung der Geburtshilfe in die Medizin gebracht, die dieses Fach (bei der Beschränktheit der Bildungsmöglichkeiten für Frauen) in die Hände von Männern brachte. Diese Entwicklung war ganz allgemein, wenn sie auch durch Instrumente gelegentlich vorangetrieben worden sein mag. Die Aufklärung hat ja auch Kind und Kinderkrankheiten in ärztliche Hände gebracht. Die Entwicklung der Orthopädie (das Wort stammt von Nicholas Andry, 1658–1742, der es aus orthos = gerade, und paidion = Kind zusammensetzte) kann hier als repräsentativ gelten. Für die weiblichen Hebammen wurden nun überall spezielle Schulen gegründet, die ihnen die Belehrung vermittelten, deren sie als medizinische Hilfspersonen bedurften.

Menschlicher Eierstock, von Graaf auch noch »testiculus mulieris« (Hoden der Frau) genannt

Die Gynäkologie ist eigentlich erst im 19. Jahrhundert mehr oder weniger selbständiges Fach geworden. Sie hatte bis dahin teils in chirurgischen, teils in internmedizinischen, teils in geburtshilflichen Händen gelegen. Die Grundlagen zur Verselbständigung der Gynäkologie hat vor allem das 17. Jahrhundert gelegt. Dieses Zeitalter hat mit seinem barocken Interesse für die Naturwissenschaft der Schöpfung, Embryologie und Eier, aber auch mit dem ihm eigentümlichen Interesse für Drüsen und Mikroskope das weibliche Ei und das nun so genannte »Ovar« als sein Träger ins Gespräch gebracht. Der Name des Sylvius-Schülers Regnier de Graaf, der die nach ihm benannten Follikel mit dem weiblichen Ei assoziierte und die weiblichen Hoden deshalb Ovarien nannte, ist hier vor allem zu nennen. Das Ovar aber sollte zum Kristallisationskern einer von der weiterhin gebärmutterzentrierten Geburtshilfe losgelösten, selbständigen Gynäkologie werden.

Die wissenschaftliche Eigenwürde, die Ovar und Ei der Frau verliehen, wurde natürlich nicht unwidersprochen hingenommen. Geradezu anekdotenhaft mutet der Streit der »Animalculisten« gegen die »Ovisten« an, welcher am Anfang des 18. Jahrhunderts entbrannte. Die einen, so etwa Antoni van Leeuwenhoek (1632–1723), leiteten den Menschen ganz aus dem neuent-

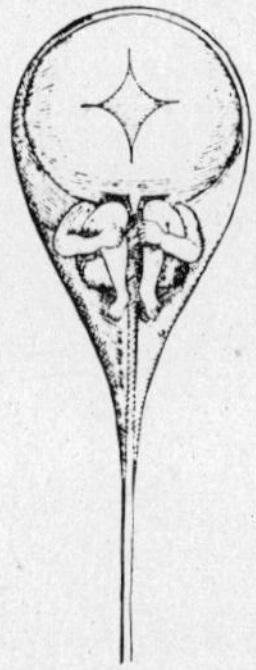

Samentierchen, wie es der Animalkulist Nicolaas Hartsoeker (1656–1725) sah deckten Samentierchen, dem Spermatozoon her – sie sahen ihn da auch mikroskopisch vollständig vorgebildet – während die anderen das Ei als den ursprünglichen Keim betrachteten. Gemeinsam war den streitenden Parteien die Annahme der sogenannten »Präformation« des Keimes in der Keimzelle. Ihr Streit nahm denn auch sein Ende mit dem Durchdringen der »Epigenese«-Theorie, die in der Keimentwicklung nicht ein allmähliches Erscheinen von Vorbestehendem, sondern einen allmählichen Bildungsvorgang erblickte.

Doch das »Ovar« blieb fortan im Bewußtsein der Mediziner, die sich beruflich um die Frau kümmerten, und verdrängte da allmählich den Uterus aus seiner zentralen Stellung. Ganz deutlich wurde dies dann im 19. Jahrhundert – 1828 durch Karl Ernst von Baers (1792–1876) Entdeckung des Säugetiereis neu aktualisiert (Graaf hatte das Ei erst postuliert, gesehen hatte er nur die Follikel). Nicht mehr Johann Baptista van Helmonts »nur der Uterus macht die Frau zu dem, was sie ist«, sei als richtig zu betrachten, wird auch Virchow 1848 schreiben, sondern: »Das Weib ist eben Weib nur durch seine Generationsdrüse.«

Doch die Betrachtung der Frau als eine Folge ihrer Ovarien und die ersten operativen Behandlungen ovarieller Krankheiten waren nicht die einzigen Gründe für die Entstehung der Spezialität Gynäkologie im 19. Jahrhundert. Ganz allgemein lag ihr viel eher das Aufkommen des organizistischen und spezialistisch-technischen Denkens jener Zeit zugrunde. Dieses dürfte auch das Interesse für das Ovar stimuliert haben. Es hat aber auch den Uterus zum Objekt eines neuen, organbezogenen Interesses und zum Ziel neuer diagnostischer Manipulationen und Instrumente gemacht, was das Entstehen des Spezialfachs Gynäkologie seinerseits gefördert hat.

Besonders die Einführung der Uterussonde – das »unschätzbarste aller diagnostischen Mittel« nennt sie ein sehr verbreitetes Lehrbuch der zweiten Jahrhunderthälfte – und die Einführung des Speculums als routinemäßiges Untersuchungsinstrument durch den Internisten Joseph-Claude-Anthelme Récamier

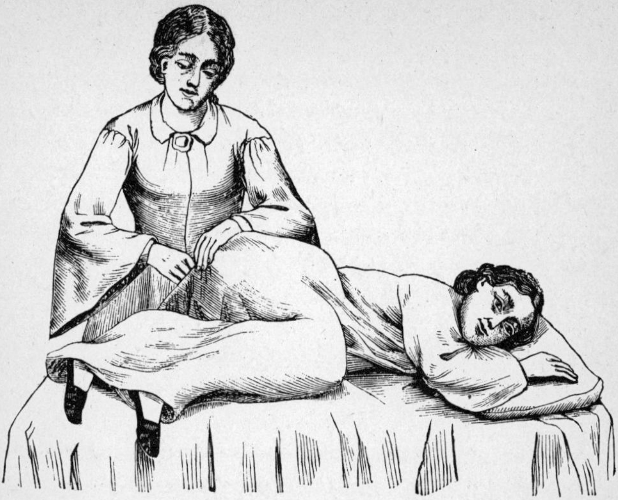

»Eine Wärterin, welche Sims' Speculum hält.« Die physikalisch-diagnostischen Rituale und Instrumente des früheren 19. Jahrhunderts dienten unter anderem auch der Überwindung der Scheu vor der körperlichen Berührung des Patienten durch den Arzt, die bis dahin keineswegs gebräuchlich gewesen war. Für das Speculum gilt dies wohl in besonderem Maße.

(1774–1856) sind hier wichtig. Das Speculum war zwar längst bekannt gewesen, aber erst mit Récamier verband sich mit diesem Instrument der prinzipielle Anspruch des Arztes, die Organe des lebenden Körpers seinen Sinnen diagnostisch zu erschließen.

Dieser Anspruch ist für den Mediziner des 19. Jahrhunderts, des Jahrhunderts der physikalischen Diagnostik, außerordentlich typisch. Er liegt auch an der Wurzel der Erfindung des Stethoskops (1816/19), das damals zum eigentlichen Kennzeichen des Arztes wurde. Von der Uterussonde, die vielfach ebenfalls routinemäßig benützt wurde, kann Ähnliches gesagt werden. Mit Hilfe dieses septischen Zauberstabs mag sich außerdem mancher gynäkologische Spezialist ungewollt, wenn auch nicht unerwünscht, ein reiches, an den verschiedensten speziellen

Entzündungen der Genitalorgane krankendes Patientengut herbeigeschafft haben. Die Palpation mit zwei Händen, die sogenannte »combinierte Untersuchung«, hat die Uterussonde dann aber in den Hintergrund gedrängt.

Der große Aufschwung der Gynäkologie und der Geburtshilfe aber knüpft sich an die Einführung von Anästhesie und Antisepsis, der Schmerz- und Infektionsbekämpfung, an deren Entwicklung sie selbst historisch übrigens nicht unwesentlich mitbeteiligt sind. Auch hier zeigt sich wieder die Beziehung zwischen Gynäkologie-Geburtshilfe und Chirurgie.

Schon in den Jahren 1847–1849 hat der in Wien arbeitende Ungar Ignaz Philipp Semmelweis (1818–1865) zeigen können, daß dem Kindbettfieber, welches an seiner Klinik rund 10% der Wöchnerinnen hinraffte, durch Chlorwaschungen der untersuchenden Hände vorgebeugt werden konnte. Als Ursache des Kindbettfiebers hat er einen »zersetzten tierisch-organischen Stoff« betrachtet, wobei er zwar die Bakterien übersehen, aber doch eine auf Erfahrung beruhende Antisepsis begründet hat. Vor ihm waren psychische Momente (Angst, verletztes Schamgefühl, schreckenerregender Eindruck des Sterbeglöckchens), spezielle Auswahl der Patienten, grobe Untersuchungsweise der Studenten, schlechte Ventilation, Diätfehler usw. für das Kindbettfieber verantwortlich gemacht worden, und entsprechend hatte keine

Uterussonde. Der Autor Carl Schroeder schreibt dazu, daß »einzelne Gynäkologen sie fast ausnahmslos bei jeder Kranken anwenden« (1874).

wirksame Prophylaxe gefunden werden können – so schreibt Semmelweis 1861 in seiner klassischen Schrift über das Kindbettfieber.

Daß er seine Erkenntnisse so spät erst publizierte, hat seinen Grund offenbar darin, daß er schreibfaul und kompliziert war; er stieß damit aber auch auf Widerstände. Die Koryphäen der Wiener Schule, Josef Skoda (1805–1881) und Karl Freiherr von Rokitanský (1804–1878), förderten Semmelweis zwar entschieden. Aber für den dortigen Professor der Geburtshilfe, Johann Klein (1788–1856), hätte die Anerkennung von Semmelweis' Ideen eine Selbstkritik bedeutet, die nur seltene Menschen zu leisten imstande sind. Der Kieler Gynäkologe Gustav Adolf Michaelis (1798–1848) hat sich einige Monate, nachdem er Semmelweis' Befunde bestätigt hatte, und vielleicht im Zusammenhang damit, das Leben genommen.

Auch in der Geschichte der Anästhesie nimmt ein Geburtshelfer

Die Entdeckung der einschläfernden Wirkung des Chloroforms durch Simpson und die Doktoren Keith und Duncan am späten Abend des 4. 11. 1847

eine prominente Stellung ein: James Young Simpson (1811–1870), berühmter Geburtshelfer in Edinburgh, hat 1847 das Chloroform in die Schmerzbekämpfung eingeführt, nachdem im Oktober 1846 unter Äther die erste schmerzlose Operation gelungen war. Simpson hat das Chloroform speziell zur schmerzlosen Geburt verwendet, womit er allerdings auf den Widerstand kirchlicher Kreise stieß, die es als sündig empfanden, den gottgewollten Geburtsschmerz (heute würde da wohl psychologisch argumentiert) zu unterdrücken. Noch im Jahr seiner Entdeckung ist er auf diese Argumente schriftlich eingegangen.

Es wurde bereits erwähnt, daß das Prunkstück der frühen Gynäkologie, die operative Behandlung von Ovarialtumoren, schon vor der Zeit der Anästhesie und Antisepsis durchgeführt wurde. Amerikanische Chirurgen (zuerst Ephraim Mac Dowell,

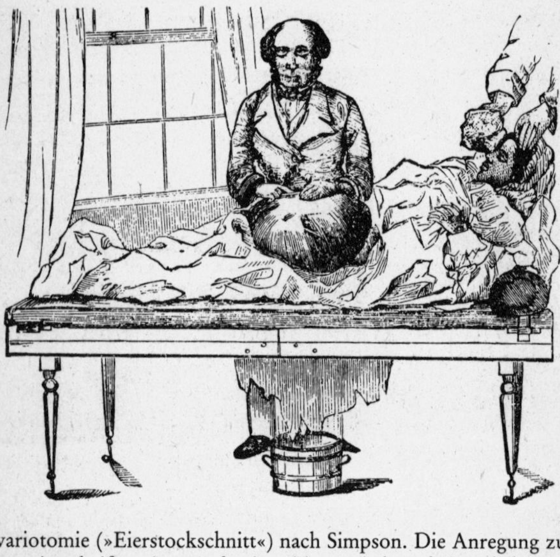

Ovariotomie (»Eierstockschnitt«) nach Simpson. Die Anregung zu der Operation, heißt es im zugehörigen Text, sei alt und eigentlich europäischen Ursprungs, »der Ruhm der ersten Ausführung derselben gebührt aber, um mit Piorry zu reden, einer ›audace Américaine‹, welche von Mc. Dowell begangen wurde«.

1771–1830, im Jahre 1809) haben diese Pionierarbeit geleistet. Ebenfalls noch ohne Anästhesie und systematische Antisepsis hat James Marion Sims (1813–1883) im amerikanischen Süden an Sklavinnen seine berühmte Operation der damals sehr häufigen und invalidisierenden (Arbeitsunfähigkeit!) Blasen-Scheiden-Fistel erprobt. Nun aber, in der zweiten Hälfte des 19. Jahrhunderts, waren der operativen Gynäkologie weite Felder geöffnet. Durch den Pariser Chirurgen Jules Emile Péan (1830–1898) fand die amerikanische Ovariotomie in Europa Eingang. Péan war ein berühmter Bauchchirurg und hat auch selber wichtige gynäkologische Operationen entwickelt. Der Kaiserschnitt konnte nun ebenfalls allmählich zum gebräuchlichen Eingriff werden. Bis dahin war er meist nur in verzweifelten Fällen, wenn überhaupt, ausgeführt worden, ursprünglich nur an der Toten.

Die Chirurgie ist aus ihrer Vorrangstellung in der Gynäkologie erst nach dem Ersten Weltkrieg etwas zurückgetreten, als nämlich die Endokrinologie für die Gynäkologie brauchbare Resultate zu liefern begann – was übrigens Gynäkologie und Geburtshilfe einander wieder näherbrachte. Die Endokrinologie hat es mit sich gebracht, daß die Frau nicht mehr so sehr mit ihrer Gebärmutter oder ihrem Eierstock identifiziert wurde (in einem gewissen Gegensatz zum Mann, der traditionellerweise eher als ein Mensch und Ich betrachtet wird, dem sein Geschlecht attributartig zugegeben ist), als vielmehr mit ihrer hormonellen Balance. Doch haben gerade die endokrinologischen Forschungen auch die moderne Schwangerschaftsverhütung gebracht, welche geeignet ist, die enge Assoziation von Frau und weiblichen Geschlechtsorganen zu lockern, indem sie die weibliche Sexualität von der Fortpflanzung loslöst.

Die Geschichte der Antikonzeption beginnt, wie die des Aborts, mit der Medizingeschichte überhaupt (die Ägypter verwendeten Krokodilsmist als Antikonzeptivum). Medizingeschichtlich bedeutsam ist sie aber eigentlich erst im 19. Jahrhundert geworden, als die Frauen definitiv und offiziell in medizinische Hände kamen, Récamier die Curette und der amerikanische Berufserfinder Charles Goodyear die Vulkanisierung des Gummis er-

fand. Die Kämpfe des 19. Jahrhunderts um die Antikonzeption gleichen in vielem den moderneren Diskussionen um die Schwangerschaftsunterbrechung. Die Betrachtung der Fortpflanzung als zur Normalität der Frau gehörig und Ängste um traditionelle Werte und Ordnungs- bzw. Machtstrukturen standen da auf der einen Seite. Auf der anderen Seite bestand die im Sinn der Frauenemanzipation liegende Tendenz, das Fortpflanzungsgeschäft auch für die Frau als freiwillig zu erklären. Bevölkerungspolitische Argumente wurden von beiden Seiten ins Feld geführt, ethische selbstverständlich auch (vgl. S. 55–58).
Eine leicht und für jede Frau erreichbare, wirksame Antikonzeption gibt es aber im Grunde erst seit kurzer Zeit. Die Verlegung des Konzeptionsoptimums vom traditionellen Zeitpunkt um die Menstruation auf das Intermenstruum durch D. Ogino und Hermann Knaus (1892–1970) datiert aus den 1930er Jahren, die Entwicklung der antikonzeptionellen Pillen und der modernen intrauterinen Verhütungsmittel aus den 60er Jahren. Die sicher enorme Bedeutung der Entwicklung einer rationalen, in weiblichen Händen liegenden Schwangerschaftsverhütung für die Geschichte der Frau und damit auch der Geburtshilfe und Gynäkologie ist noch nicht abzusehen.

1975

Register

(Die Schlagworte stehen auch für ihre modifizierten und zusammengesetzten Formen)

Herkunft der Illustrationen

S. 17 Holländer, Eugen: Die Karikatur und Satire in der Medizin. Stuttgart 1905.
S. 20 Paré, Ambroise: Wund Artzney. Frankfurt a. M. 1635.
S. 23 Paré, a. a. O.
S. 24 Holländer, a. a. O. Das Blatt stammt aus dem Jahre 1726. Zitat über Manningham aus: Biographisches Lexikon der hervorragenden Ärzte aller Zeiten und Völker, 3. Aufl., Bd. 4, München-Berlin 1962.
S. 29 Hebenstreit, Johann Ernst: Anthropologia forensis, Leipzig 1753.
S. 33 England, 1960er Jahre.
S. 46 Inserat, vermutlich zwischen 1930 und 1940. Aus der »Kurpfu-

scherei«-Sammlung des Medizinhistorischen Instituts der Universität Zürich.

S. 59 u. 60 Fischer-Dünckelmann, Anna: Die Frau als Hausärztin. Ein ärztliches Nachschlagebuch. Million-Jubiläums-Ausgabe, München-Wien 1913.

S. 62 Bilder aus dem modernen Leben von A. Conadam, M. Flashar, E. Harburger, René Reinicke, H. Schlittgen u. a. München. o. J. Die Überschrift zu dem Blatt lautet: »Bedenkliche Beruhigung«, der Text: »Commerzienräthin: ›Ach, Herr Doctor, ich bin ganz betrübt, daß ich Sie noch so spät herbemüht habe. Ihre Frau Gemahlin war gewiß recht ungehalten, daß sie allein zu Hause bleiben mußte?‹ Arzt: ›O, ganz im Gegentheil, gnädige Frau! Die kauft sich dafür einen neuen Hut!«

S. 83 Mauriceau, François: Observations sur la grossesse et l'accouchement des femmes, Paris 1695.

S. 85 Pinaeus, Severinus: De virginitatis notis, graviditate et partu. Leyden 1693.

S. 86 Graaf, Regnerus de: De mulierum organis generationi. In: Opera omnia, Amsterdam 1705.

S. 91 Joannes Baptista Morgagnus natus Forolivii die 25 Februarii anno 1682 in Patavino Gymnasio e Primaria Sede Anatomen adhuc docebat anno 1762. Frontispiz zu Morgagni, Jo. Baptista: De sedibus, et causis morborum per anatomen indagatis, Bd. 1, 2. Aufl., Padua 1765.

S. 99 Moebius: L'homme est-il bon? Paris: Les Humanoïdes Associés 1977.

S. 102 »Jugend«-Postkarte von Ferdinand Freiherr von Reznicek (1868–1909).

S. 108 Kahn, Fritz: Das Leben des Menschen. Eine volkstümliche Anatomie, Biologie, Physiologie und Entwicklungsgeschichte des Menschen, Bd. 5. Stuttgart: Kosmos Gesellschaft der Naturfreunde 1931.

S. 117 Signet der Schweizerischen Gesellschaft für Psychoanalyse.

S. 120 Bildersammlung des Medizinhistorischen Instituts der Universität Zürich.

S. 124 Paré, a. a. O.

S. 129 Vesalius, Andreas: De humani corporis fabrica. Basel 1543. Diese Abbildung wird in der klassischen Sekundärliteratur gewöhnlich um ihr unterstes Viertel beschnitten reproduziert, so bei Weindler, Fritz: Geschichte der gynäkologisch-anatomischen Abbildung, Dresden 1908, sogar bei Speert, Harold: Iconographia Gyniatrica, a pictorial history of gynecology and obstetrics, Philadelphia 1973.

S. 130 Rueff, Jakob: Hebammen Buch. Frankfurt a. M. 1580.

S. 132 Siegemundin, Justine, geb. Dittrichin: Die königl. Preussische und Chur-Brandenb. Hof-Wehe-Mutter, Berlin 1723.
S. 133 Mauriceau, a. a. O.
S. 136 Graaf, a. a. O.
S. 137 Hartsoekers Zeichnung eines menschlichen Spermatozoons, nach Needham, Joseph: A history of embryology, Cambridge 1959.
S. 139 Thomas, T. Gaillard: Lehrbuch der Frauenkrankheiten, Berlin 1873.
S. 140 Schroeder, Carl: Handbuch der Krankheiten der weiblichen Geschlechtsorgane, Leipzig 1874.
S. 141 Walker, Kenneth: The story of medicine. New York, Oxford University Press 1955.
S. 142 Thomas, a. a. O.

Kurze Liste weiterführender Titel zur Medizingeschichte der Frau

Barker-Benfield, G. J.: The Horrors of the Half-Known Life. Male Attitudes Toward Women and Sexuality in Nineteenth-Century America. New York/Hagerstown/San Francisco/London 1977.

Bilikiewicz, Tadeusz: Die Embryologie im Zeitalter des Barock und des Rokoko (Arbeiten des Instituts für Geschichte der Medizin an der Universität Leipzig; 2). Leipzig 1932.

Bullough, Vern L.: Sex, Society, and History. New York 1976.

Chesler, Phyllis: Frauen – das verrückte Geschlecht? Deutsch von Brigitte Stein. Hamburg 1977 (Originalausg. »Women and Madness«, New York 1972).

Darmon, Pierre: Le mythe de la procréation à l'âge baroque. Paris 1977.

Diepgen, Paul: Frau und Frauenheilkunde in der Kultur des Mittelalters. Stuttgart 1963.

Diepgen, Paul: Die Frauenheilkunde der Alten Welt (Handbuch der Gynäkologie, hrsg. v. W. Stoeckel, Bd. 12, 1. Teil). München 1937.

Donegan, Jane B.: Women and Men Midwives: Medicine, Morality, and Misogyny in Early America. Westport, Conn./London 1978.

Donnison, Jean: Midwives and medical men. A history of inter-professional rivalries and women's rights. London 1977.

Easlea, Brian: Science and sexual oppression. Patriarchy's confrontation with woman and nature. London 1981.

Ehrenreich, Barbara; English, Dei[r]dre: Zur Krankheit gezwungen. Eine schichtenspezifische Untersuchung der Krankheitsideologie als

Instrument zur Unterdrückung der Frau im 19. und 20. Jahrhundert am Beispiel der USA. München 1976.
Ehrenreich, Barbara; English, Deirdre: For Her Own Good. 150 Years of the Experts' Advice to Women. London 1979.
Fasbender, Heinrich: Geschichte der Geburtshilfe. Hildesheim 1964. Nachdr. der Ausg. Jena, 1906.
Fischer, Isidor: Geschichte der Gynäkologie. In: Halban, Josef; Seitz, Ludwig (Hrsg.): Biologie und Pathologie des Weibes, Bd. 1. Berlin/Wien 1924.
Foucault, Michel: Histoire de la sexualité, 1. La volonté de savoir. Paris 1976.
Knibiehler, Yvonne; Fouquet, Catherine: La femme et les médicins: analyses historiques. Paris 1983.
Laget, Mireille: Naissances. L'accouchement avant l'âge de la clinique. Préface de Philippe Ariès. Paris 1982.
Lesky, Erna: Die Zeugungs- und Vererbungslehren der Antike und ihr Nachwirken (Akad. d. Wiss. u. d. Lit., Abh. d. Geistes- u. Sozialwiss. Klasse Jg. 1950; 19). Wiesbaden 1950.
Schaps, Regina: Hysterie und Weiblichkeit. Wissenschaftsmythen über die Frau. Frankfurt/New York 1982.
Shorter, Edward: A history of women's bodies. New York 1982.
Speert, Harold: Iconographia Gyniatrica. A Pictorial History of Gynecology and Obstetrics. Philadelphia 1973.
Ausführlichere Literaturangaben finden sich in der Originalausgabe der »Krankheit Frau«, für »Herr und Weib« in einer Sammlung von Arbeiten zum Thema »History of Human Sexuality in Nineteenth Century Europe«, die 1984, von Sander Gilman und Isabel von Hull herausgegeben, in den USA erscheinen wird.